Maja Condamin

STEINE BEMALEN

MANDALAS VON A BIS ZEN

Kreative Designs mit der
Dotting-Technik

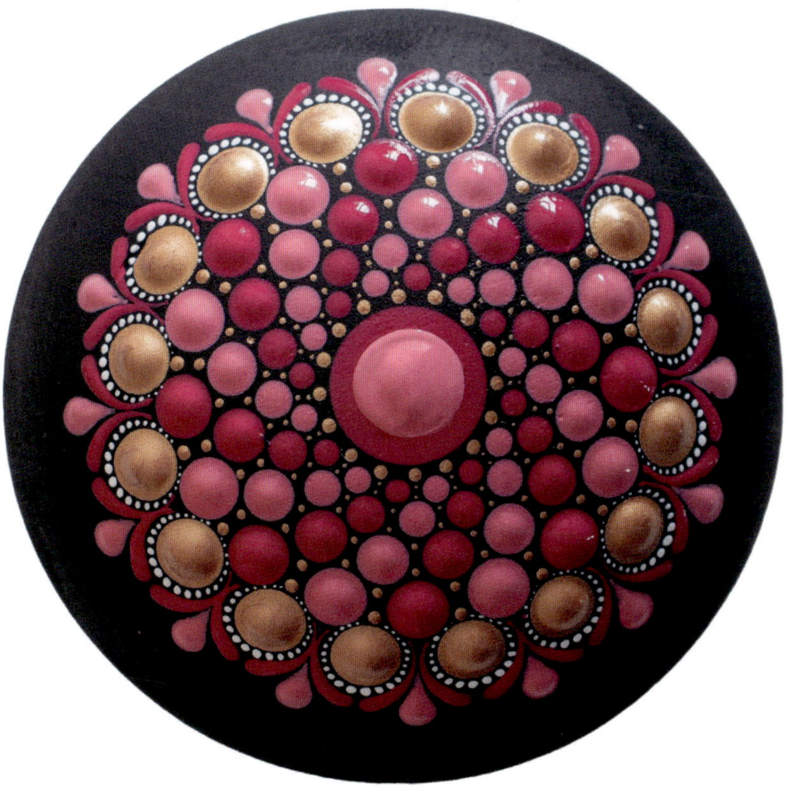

Inhalt

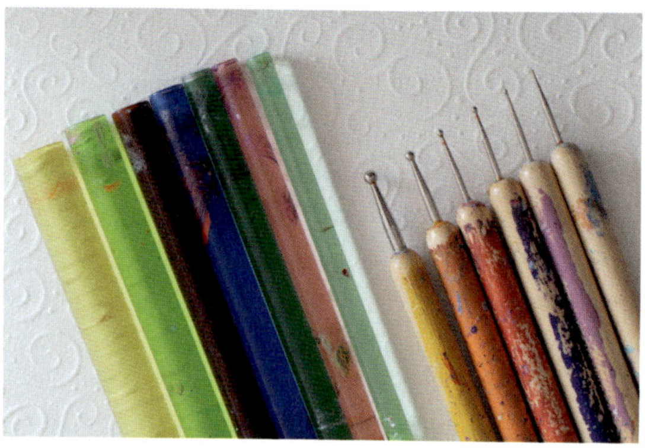

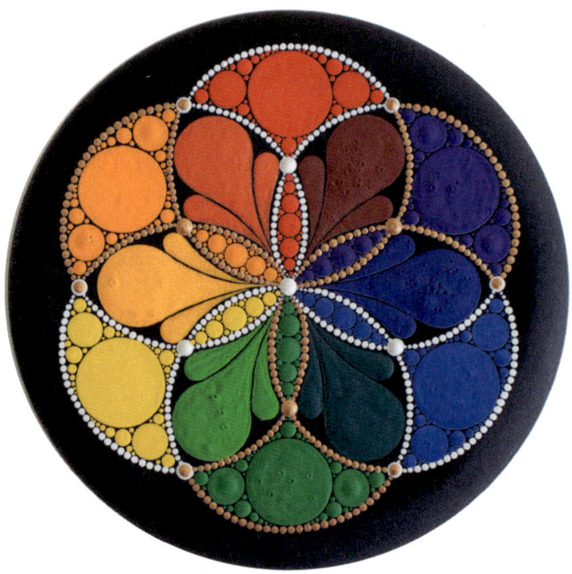

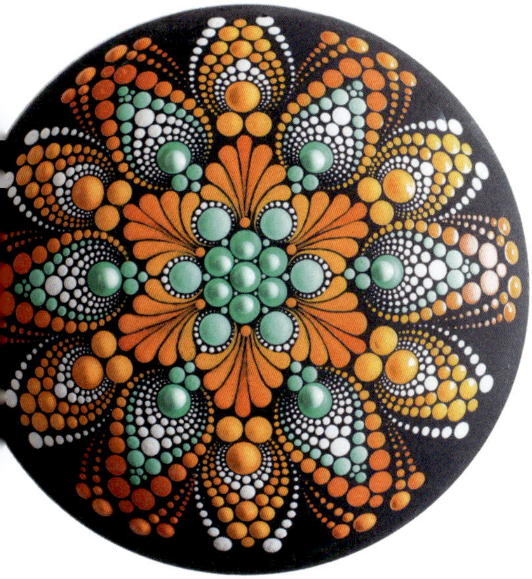

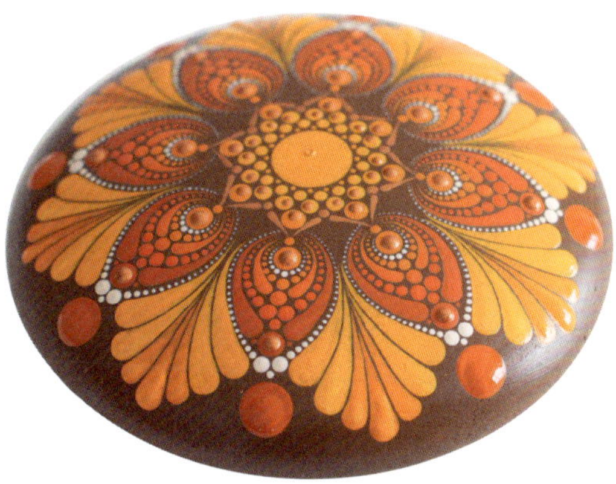

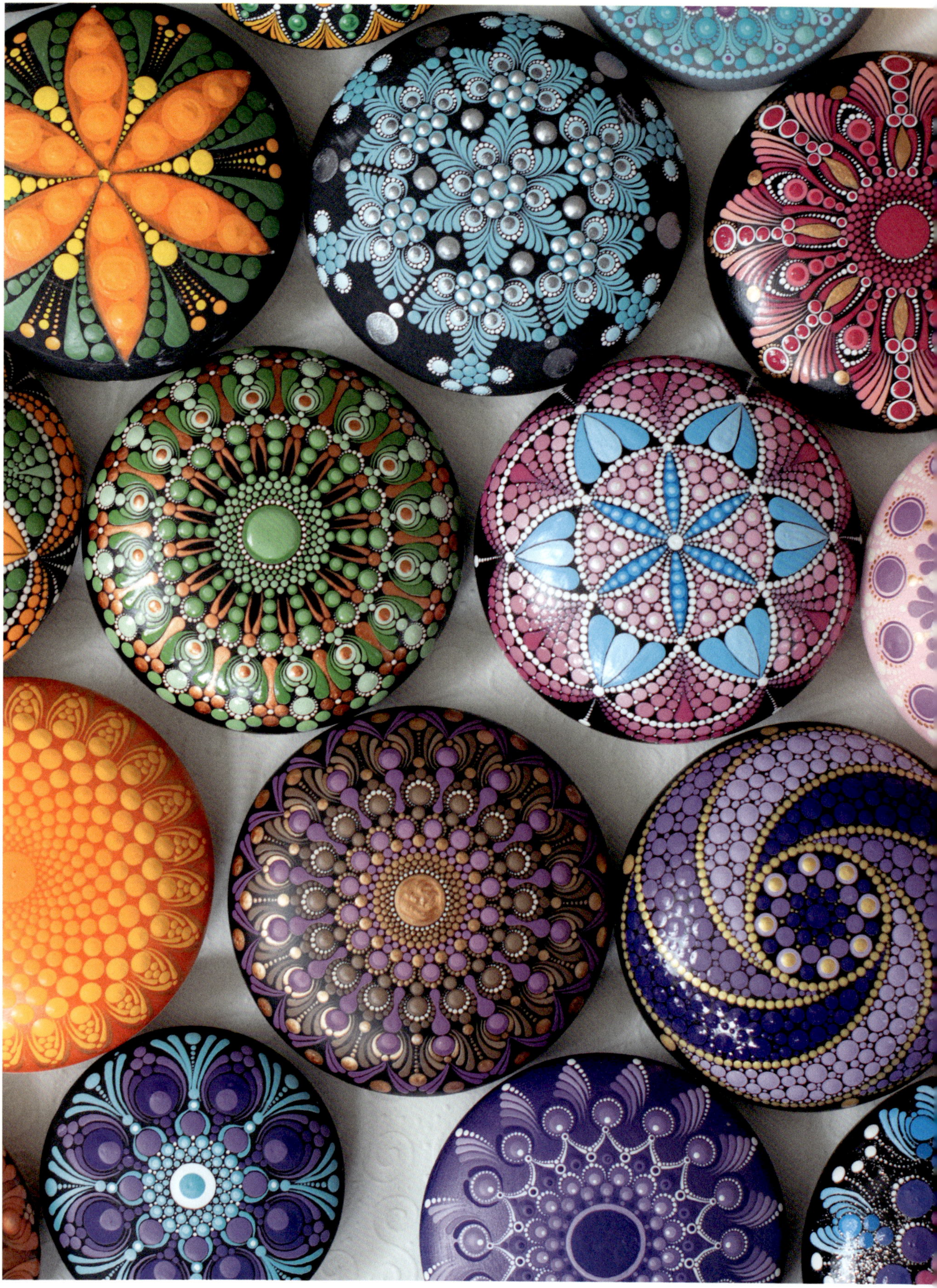

Vorwort

Liebe Dotting-Freunde,

herzlich willkommen in der aufregenden Welt der Punkte. Dieses Buch ist eine Entdeckungsreise durch eine der spannendsten Maltechniken der letzten Jahre: dem Dot Painting. Für das Dot Painting muss man weder zeichnen können noch eine Ausbildung in Kunst oder Maltechniken haben, hier kannst auch du deine eigenen wunderschönen und einzigartigen Kunstwerke erschaffen und den Flow des gestalterischen Prozesses genießen.

Diese junge, aber dennoch sehr verbreitete Kunst kam über die USA nach Europa und breitete sich schnell auch im deutschsprachigen Raum aus. Sie eroberte die Herzen Tausender von Menschen, die ein neues Hobby oder eine Möglichkeit gesucht haben, dem stressigen Alltag zu entkommen.

Ob du Steine bemalst, um abzuschalten und Zeit mit dir selbst im „Hier und Jetzt" zu verbringen oder mit den kleinen Kunstwerken deinen Liebsten eine Freude bereiten möchtest – in diesem Buch zeige ich dir die Techniken und Möglichkeiten des Dot Painting, teile meine Tipps und Tricks und erkläre dir, worauf du achten solltest, um nicht die gleichen Fehler zu machen, die ich am Anfang gemacht habe.

Du erfährst alles über die Eigenschaften der Farben und ihrer Konsistenz, lernst, welche Farben gut kombinierbar sind und eignest dir diverse Techniken des Dot Painting an. In drei Schwierigkeitsstufen eingeteilt und Schritt für Schritt erklärt, ermöglichen dir die verschiedenen Designs einen Einblick in das Prinzip des Aufbaus eines Mandalas zu erlangen. Ich teile mit dir mein Wissen und die Erfahrungen, die ich mit der Zeit gesammelt habe. Das Buch beinhaltet meine Methoden und Techniken, die ich persönlich so anwende und in meinen Kursen unterrichte.

Tauche ein in die Welt der Punkte und lasse dich von diesem meditativen Prozess verzaubern! Ich wünsche dir viel Spaß und viele großartige, kunterbunte Kunstwerke!

Kreative Grüße,

Maja

Materialien

MALFLÄCHEN

Da Acrylfarbe auf allen fettfreien Untergründen haftet, können wir unsere Mandalas auf verschiedene Oberflächen zaubern: Stein, Holz, Gips, Beton, Leinwand, u. v. m.

Bei glatten Oberflächen reicht es, wenn wir diese mit Acrylfarbe nach Wunsch grundieren. Wichtig ist, dass die Malfläche staub- und fettfrei ist. Möchtest du, dass die Farbe besser auf der Oberfläche haftet, kannst du den Gegenstand erst mit dem Grundiermittel Gesso (siehe Seite 14) vorbehandeln. Auch bei Oberflächen, die nicht ganz glatt sind oder eine Struktur haben (wie z. B. Leinwand oder raues Holz) eignet sich Gesso. In mehreren Schichten aufgetragen glättet es die Malfläche und macht das Bemalen viel angenehmer.

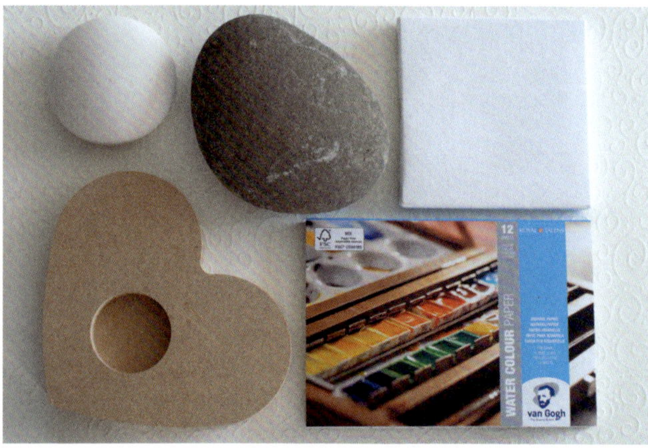

Tipp

Möchtest du auf Papier malen, sollte dieses sehr dick sein, damit es sich nicht wellt. Meine Empfehlung: Van Gogh Watercolor Paper, 300 g/m².

NATURSTEINE

In der Regel können alle Designs, die in diesem Buch gezeigt werden, auf Naturstein oder Kunststein gemalt werden. Schwierig wird es nur beim Vorzeichnen mit dem Zirkel und Maßband. Suche dir Natursteine mit einer schönen und glatten Oberfläche, wasche die Steine gut mit warmem Wasser, Seife und einer Bürste ab und lasse sie vollständig trocknen.

Bitte informiere dich, bevor du loslegst und sammle Steine nur dort, wo es erlaubt ist. In Naturschutzgebieten, aber auch in vielen Ländern ist das Sammeln von Natursteinen untersagt.

STEINE GIESSEN

Die schönen runden Rohlinge für Dot-Painting können selbst gegossen werden. Alles was du zum Gießen der Steine brauchst, sind spezielle Gießformen (im Internet zu finden) und eine Gießmasse: entweder Gips, Beton oder eine Keramik-Gießmasse, z. B. Keraflott. Die Gießmasse sollte nach Anleitung angerührt und das Mischverhältnis eingehalten werden. Um Luftblasen, bzw. Löcher in den fertigen Formen zu vermeiden, kannst du die Gießform nach dem Befüllen ausklopfen und sogar mit einem alten Pinsel von innen auspinseln. Der Pinsel bringt die Blasen zum Zerplatzen und du erhältst einen schönen glatten Rohling. Zum Schluss kannst du den Rohling von unten mit feinem Schleifpapier abschleifen, damit er auch von unten schön glatt ist. Die Trocknungszeit gegossener Rohlinge variiert abhängig von der verwendeten Gießmasse. Bei Gips beträgt diese Zeit in der Regel wenige Tage und die Rohlinge werden heller, leichter und glatter.

Tipp

Wenn es schneller gehen soll, kannst du die frisch gegossenen Rohlinge aus Gips in den Backofen auf 100 Grad mehrere Stunden (abhängig von der Größe) „backen" und im Backofen auskühlen lassen. Wenn diese hell, trocken und leicht sind, sind sie einsatzbereit!

WERKZEUGE

Mandala-Steine kannst du ganz einfach mit Haushaltsgegenständen bemalen. In der Regel eignet sich zum Punkte machen alles, was eine runde Seite hat: Rückseiten von Pinseln und verschiedenen Stiften, der Radiergummi eines Bleistifts, Holzspieße, Stricknadeln, Stopfnadeln und vieles mehr!

Die offiziellen Werkzeuge des Dot Painting heißen Dotting Tools und es gibt auf dem Markt diverse Angebote. Meistens bestehen sie aus zwei Sets. Das erste Set beinhaltet mehrere Acrylstäbchen (Stäbchentools) in verschiedenen Größen für große Punkte. Das zweite Set enthält mehrere Stifte mit kleinen Kugeln aus Metall (Kugeltools) in verschiedenen Größen.

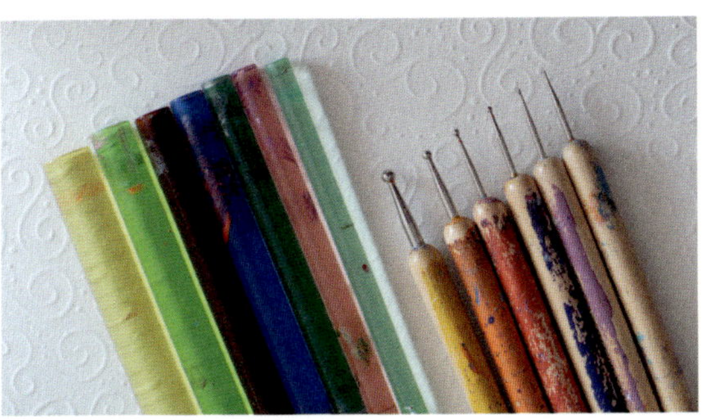

Tipp

Für filigrane Punkte eignet sich am besten eine Stopfnadel, ein alter leerer Fine Liner (z. B. Pigma Micron 0.1 oder kleiner), oder ein Detailpinsel in der Größe 000 und kleiner.

FARBEN

Ein Mandala-Stein sieht viel schöner aus mit farbintensiven, brillanten und leuchtenden Punkten. Wenn du schöne Mandalas machen möchtest, solltest du mit gutem Material arbeiten. Am besten suchst du dir einen Hersteller, dessen Produkte dir gut gefallen und bleibst bei der Produktpalette dieses Herstellers, da diese Produkte aufeinander abgestimmt sind. Ich persönlich arbeite mit Royal Talens-Produkten, in diesem Buch konkret Amsterdam Standard und Expert Series Acrylfarben und Malmitteln. Die erklärten Mischverhältnisse sind auf diese Produkte ausgerichtet und können bei Anwendung von Farben anderer Hersteller variieren.

Acrylfarben sind wasserbasierte Farben und werden in Döschen, Fläschchen und Tuben (Studio- und Künstlerqualität) angeboten. Sie können leicht mit ein wenig Wasser auf die passende Konsistenz gebracht werden, sind nach dem Trocknen wasserfest und können gut untereinander gemischt werden.

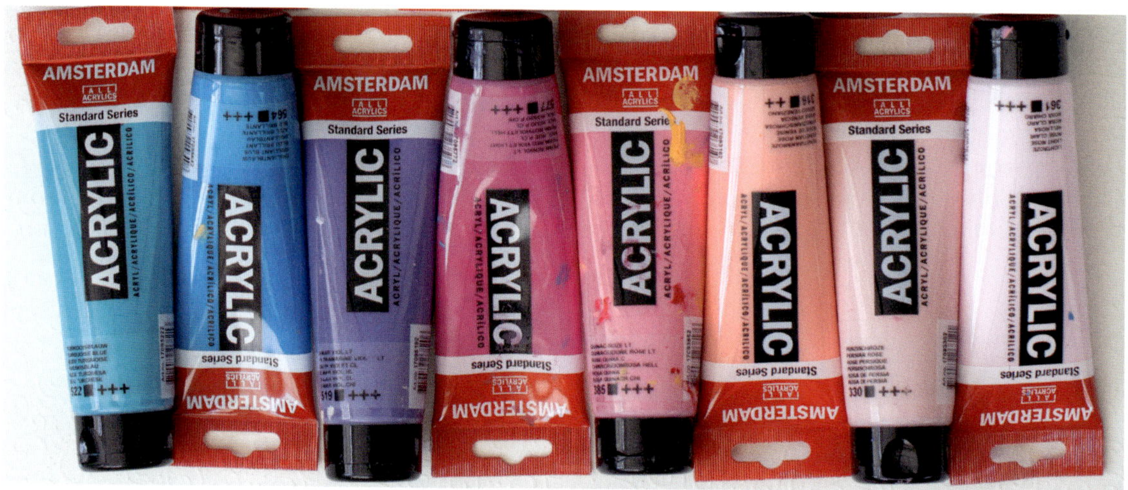

DIE QUALITÄT

Hier gilt eine einfache Regel: was nicht draufsteht, ist nicht drin. Farben von geringer Qualität enthalten oft zu viel Füllstoff, decken nicht gut, sind bzgl. Deckkraft und Lichtechtheit nicht gekennzeichnet und haben oftmals auch einen unangenehmen Geruch. Feinste Künstlerfarben werden im Vergleich zu Studienfarben mit teureren Pigmenten in einer höheren Konzentration hergestellt.

Tipp

Meine Empfehlung für eine Grundausstattung für das Dot Painting sind die folgenden Amsterdam Studio-Farben: Titanweiß, Oxidschwarz und ein gut deckendes oder halbdeckendes Rot, Blau und Gelb. Du kannst dich aber natürlich auch erst einmal selbst durch verschiedene Farben und Produkte testen und prüfen, was dir am besten gefällt.

DIE DECKKRAFT

Für das Dot Painting eignen sich deckende Farben am besten, da es viel schöner wirkt, wenn die Punkte leuchten und „satt" wirken, als wenn sie durchsichtig sind und man die Hintergrundfarbe durch die Punkte hindurch erkennen kann.

Acrylfarbe wird allgemein als „deckende" Farbe eingestuft, dennoch variiert dies und es gibt deckende und transparente Farbtöne. Auf der Tube findest du folgende Kennzeichnungen:

- deckend
- halb-deckend
- halb-transparent
- transparent

Halbtransparente und transparente Farben eignen sich sehr gut für diverse Techniken der Acrylmalerei, für das Dot Painting sind sie aber weniger geeignet.

DIE LICHTECHTHEIT

Das Symbol für Lichtechtheit ist bei Amsterdam Farben ein Plus. Es sagt uns, wie schnell die verschiedenen Farben unter Einfluss von Sonnenlicht verblassen.

+++	= mind. 100 Jahre lichtecht unter Museumsbedingungen
++	= 20–100 Jahre
+	= 10–25 Jahre
0	= 0–10 Jahre

DIE KONSISTENZ

Farbe allgemein und ganz besonders ihre Konsistenz sind das A und O im Dot Painting. Ist die Farbe zu dick, haben die Punkte später eine Spitze und es wird sehr schwierig, die Größe und Gleichmäßigkeit der Punkte zu kontrollieren. Ist die Farbe jedoch zu flüssig, besteht die Gefahr, dass die Punkte verlaufen oder transparent trocknen.

Tubenfarben sind sehr pastos und müssen für das Dot Painting immer verdünnt werden. Zum Verändern der Konsistenz eignet sich Wasser, je nach Technik aber auch diverse Malmittel wie z. B. Acrylic Medium.

Zwischen der pastosen (wie sie in der Tube ist) und einer ganz wässrigen Konsistenz, gibt es viele Zwischenstufen und nicht nur eine perfekte Konsistenz, die sich für das Dot Painting gut eignet. Zum Teil ist es Geschmackssache, zum Teil aber auch von der Technik abhängig, wie flüssig oder pastos unsere Farbe beim Malen sein sollte.

Grundsätzlich solltest du die Farbe auf einer Farbmischpalette 1:1 mit Wasser verdünnen (1 Anteil Farbe und 1 Anteil Wasser) und anschließend mit einem Kugeltool gut und lange verrühren. Rühre so lange, bis du keinen Unterschied zwischen Wasser und Farbe erkennen kannst. Die Farbe sollte dann eine Konsistenz haben die Joghurt oder warmem Honig ähnelt.

Du kannst ganz einfach testen, ob die Konsistenz passt, indem du beim Rühren das Kugeltool sehr langsam aus der Farbe ziehst:

- Siehst du, dass sich die Farbe in der Palette langsam legt und die Schwerkraft auf sie

wirken kann, ist die Konsistenz für deine Punkte gut geeignet.
- Bildet sich eine Spitze auf der Palette in der Farbe oder hinterlässt dein Tool beim Rühren eine Spur (Schlucht) die sich nicht legt, heißt das, die Farbe ist zu dick.
- Wenn dein Tool beim Rühren gar keine Spur hinterlässt und deine Farbe komplett flach bleibt, nachdem du das Tool herausgenommen hast, ist die Farbe zu flüssig.

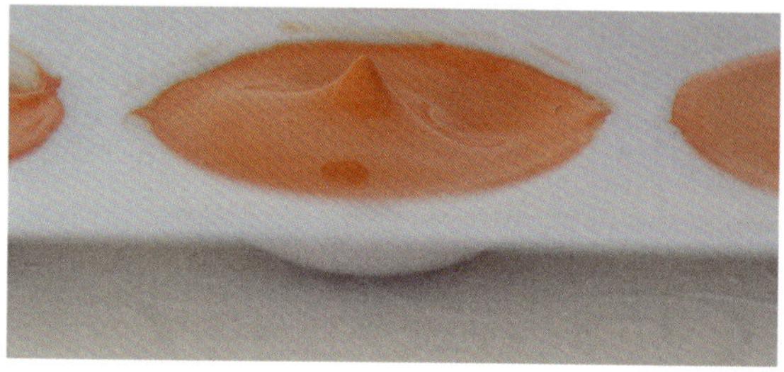

Wenn die Farbe zu pastos oder zu flüssig ist, erkennst du wenig oder keine Bewegung auf der Palette, wenn du das Tool nach dem Rühren langsam herausgezogen hast. Wenn die Farbkonsistenz passt, du damit deine ersten Punkte machst und erkennst, dass diese Punkte teils deckend und teils transparent sind, wurde die Farbe nicht gut genug verrührt.

LUFTBLASEN IN DER FARBE

Manchmal bilden sich beim Verdünnen der Farbe kleine Luftblasen, die nach dem Trocknen zu kleinen Löchern in den einzelnen Punkten werden.

Luftblasen entstehen meistens, weil wir der Farbe zu wenig Wasser beigeben. Bis wir gemerkt haben, dass es zu wenig ist und dass wir nochmals nachgießen müssen, sind die Luftblasen schon in der Farbe. Mit etwas Übung bekommst du jedoch schnell ein Gefühl für die richtige Menge Wasser.

Wenn die Luftblasen sich schon gebildet haben, helfen 2–3 Tropfen Geschirrspülmittel, um diese zum Platzen zu bringen. Füge das Spülmittel der Farbe hinzu und rühre nochmals um.

MALMITTEL

Malmittel sind Substanzen, die man mit der Farbe mischt, um deren Konsistenz, Deckkraft, Trocknungszeit oder Glanz zu verändern. In der Acrylmalerei gibt es diverse Malmittel, von denen du einen Teil auch für deine Dot Painting-Werke verwenden kannst.

GESSO

Gesso eignet sich zum Grundieren von diversen absorbierenden Untergründen wie z. B. Leinwand und Holz. Es verbessert das Haften der Acrylfarben und glättet die Malfläche etwas aus. So können auch auf der Leinwand – trotz der Struktur im Gewebe – schöne und filigrane Dot Painting Kunstwerke entstehen. Auch versiegelt es die Oberfläche und kann verwendet werden, um das Aufsaugen der Farbe zu verhindern. Somit bleiben die Punkte (wenn die Farbkonsistenz darauf abgestimmt wurde) auch nach dem Trocknen gewölbt.

Schwarzes Gesso nutze ich für Flächen, die ich sowieso in Schwarz grundiert hätte. Weißes Gesso kann dagegen verwendet werden, wenn später eine andere Grundierfarbe aufgetragen werden soll. Transparentes Gesso eignet sich gut, wenn der Original-Untergrund der Malfläche nicht verändert, sondern nur etwas ausgeglättet werden soll, z. B. bei Holz.

ACRYLMALMITTEL (ACRYLIC MEDIUM)

Du kannst deine Acrylfarbe mit diesem Malmittel nach Lust und Laune matt oder glänzend verdünnen, wenn du nicht möchtest, dass deine Punkte ganz flach trocknen.

HEAVY GEL MEDIUM

Dieses Malmittel kannst du in Kombination mit Acrylic Medium, Farbe und Wasser für extreme 3D-Effekte, Punkte und Elemente nutzen.

ACRYLVERZÖGERER

Bei größeren Projekten (Leinwand oder Papier) passiert es oft, dass die Farben mit der Zeit auf der Palette antrocknen. Um dies zu verzögern, kannst du ein paar Tropfen Acrylverzögerer in die Farbe mischen. So muss nicht immer Wasser nachgegossen werden, um die Farben frisch zu halten und es wird vermieden, dass die Farbe zu stark ausdünnt und die Punkte später transparent antrocknen.

PINSEL

FLACHPINSEL

Zum Grundieren und Versiegeln eignen sich Flachpinsel mit Synthetikhaar. Die Größe des Pinsels kannst du der Größe des Projektes anpassen, so empfehle ich dir einen Flachpinsel Gr. 14 für Steine mit einem Durchmesser von 8 bis 12 cm.

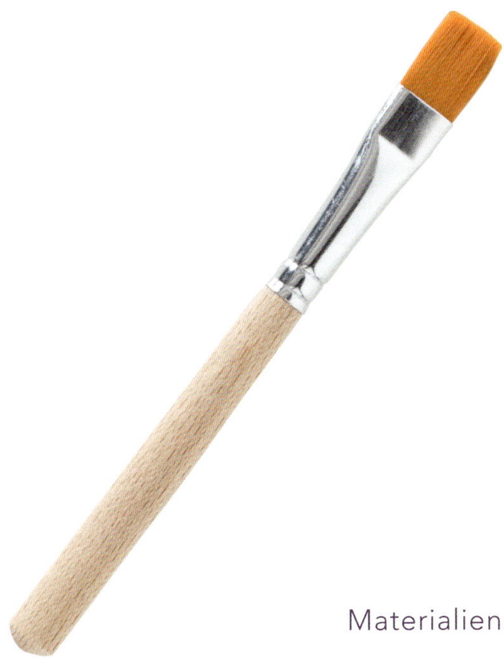

RUNDPINSEL

Für filigrane Arbeiten, kleine Punkte, Walking Dots und Swipes, aber auch zum Grundieren kleiner Objekte, eignen sich Rundpinsel in diversen Größen. So verwende ich für Mini-Punkte und filigrane Arbeiten die Pinselgröße 000 und kleiner. Mit wenig Farbe, nur auf der Spitze des Pinsels, kannst du lange, filigrane Walking Dots zaubern (siehe Seite 22).

Tipp

Nimm dir Zeit und übe langsam. Berühre die Malfläche nur mit der Farbe auf dem Pinsel, nicht mit den Pinselhaaren selbst und arbeite mit mehr und weniger Druck. Verlasse dich 100 % auf deine Augen, da du im Vergleich zum Malen mit Dotting Tools den Kontakt mit der Malfläche nicht spüren kannst.

SCHWAMMPINSEL

Mit Schwammpinseln in diversen Größen und Formen lassen sich Steine gut grundieren, aber auch mehrfarbige Grundierungen mit Farbverlauf zaubern.

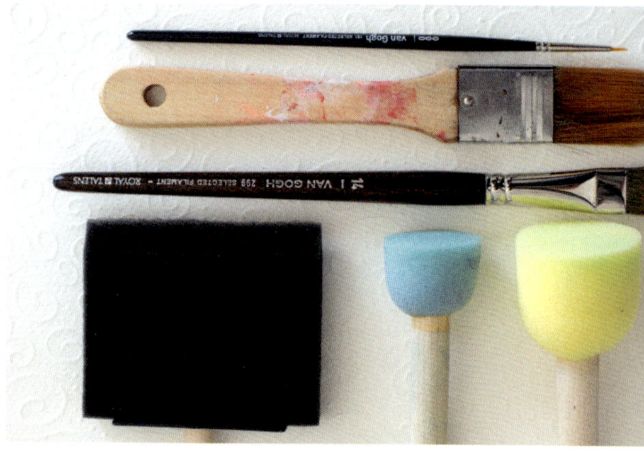

HILFSWERKZEUG

Außer Werkzeugen, Farben und einer Malfläche brauchst du folgendes:

- Bleistift
  Ideal mit einem Härtegrad von 3B bis 6B. Ein weicher Bleistift zerkratzt die Fläche des Steins nicht und lässt sich besser wegradieren.
- Radiergummi
- Zirkel mit Stiftehalter
- Maßband zum Vorzeichnen der Linien
- Pinselbecher mit sauberem Pinselwasser
- Farbmischpalette aus Kunststoff mit mind. sechs runden Farbfächern für das Verdünnen und Mischen der Farben
- Wattestäbchen zum Korrigieren von kleinen Fehlern

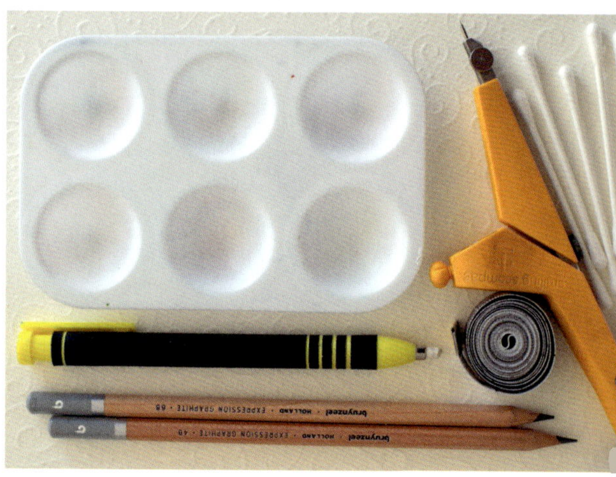

Grundlagen

FARBLEHRE

Was Mandala-Steine so schön macht, sind Symmetrie, Design und Farbe. Doch welche Farben lassen sich am besten kombinieren damit der Stein harmonisch wirkt?

DIE PRIMÄRFARBEN

Die Farben Gelb, Blau und Rot können nicht aus anderen Farben gemischt werden und zählen daher zu den Primärfarben.

DIE SEKUNDÄRFARBEN

Sie entstehen mit dem Mischen von zwei Primärfarben (Rot + Gelb = Orange; Gelb + Blau = Grün; Blau + Rot = Violett). Das Mischergebnis hängt vom Anteil der jeweiligen Primärfarben ab. Mischst du z. B. Orange mithilfe von Rot und Gelb, wird dieses Orange dunkler, wenn du mehr Rot hinzufügst und heller, wenn du mehr Gelb hinzufügst.

Tipp

Beginne beim Mischen von zwei Farben immer mit dem helleren Farbton. Vom dunkleren Farbton braucht es meistens viel weniger und es ist einfacher, dem hellen Ton einen Tropfen vom dunkleren hinzuzufügen, als dem dunklen ganz viel vom hellen.

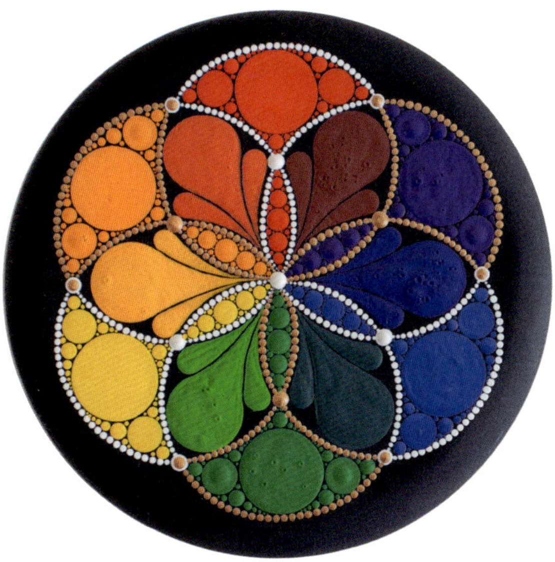

DIE TERTIÄRFARBEN

Tertiärfarben entstehen aus der Mischung einer Primär- und einer Sekundärfarbe (z. B. Primärfarbe Blau + Sekundärfarbe Grün = Tertiärfarbe Blaugrün).

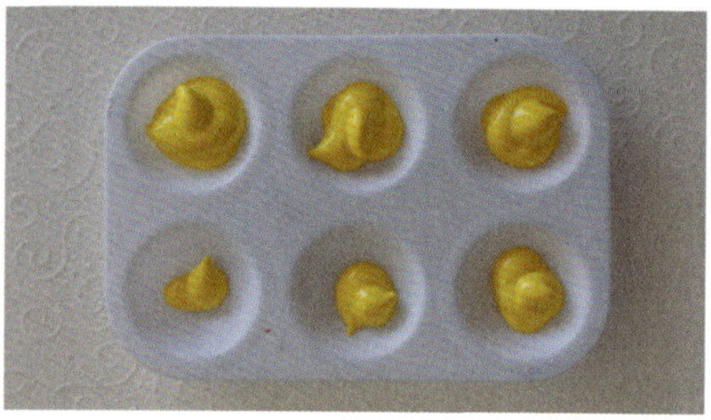
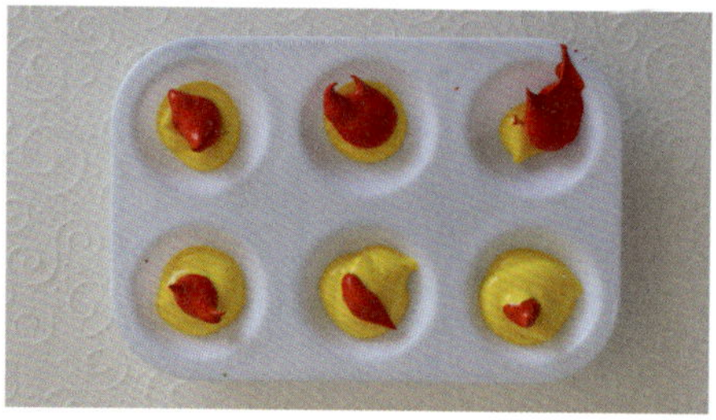
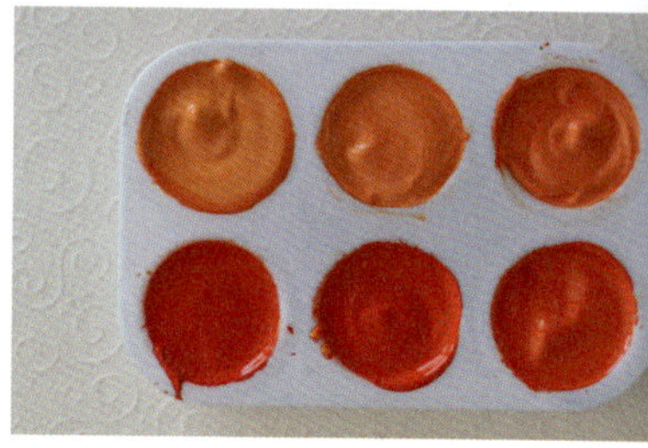

FARBVERLÄUFE

Möchtest du einen Farbton aufhellen, solltest du dies mit einem helleren Farbton der gleichen Farbe machen. So kannst du z. B. ein dunkles Blau mit einem Hellblau aufhellen. Durch das Mischen mit Weiß entstehen eher Pastelltöne.

Dasselbe gilt beim Abdunkeln einer Farbe. Am besten funktioniert dies mit einem dunkleren Farbton der gleichen Farbe. Das Abdunkeln mit Schwarz kann zu Verschmutzungen der Farbe führen.

Ein Beispiel: Beim Mischen eines orangenen Farbverlaufes fängst du am besten mit der helleren Farbe (Gelb) an und gibst von dieser ein wenig Farbe in das erste Farbfach deiner Palette. In jedes weitere Farbfach gibst du etwas mehr Gelb und wiederholst diesen Vorgang bei jedem Farbfach, bis du im sechsten Farbfach am meisten Gelb hast. Danach fängst du mit der dunkleren Farbe (Rot) an. Du gibst einen ganz kleinen Tropfen Rot in das Farbfach in dem es am meisten Gelb hat. Danach gibst du in jedes weitere Farbfach etwas mehr Rot, bis du in allen sechs Fächern Rot und Gelb hast. Als nächstes fügst du Wasser hinzu und verrührst alles gut. Dein Farbverlauf ist einsatzbereit!

Tipp

Durch das Mischen von Komplementärfarben kannst du Schwarz- oder Brauntöne erzeugen.

FARBKOMBINATIONEN

Wenn du lernst, in welcher Beziehung Farben zueinander stehen und sie dementsprechend richtig einsetzt, kann dies einen großen Einfluss auf die Wirkung deines fertigen Mandalas haben.

Schön kombinieren lassen sich verwandte Farben, also die Farben, die im Farbkreis nebeneinanderliegen sowie ihre Zwischenstufen. So ergeben etwa die Farben Rot und Orange mit mehreren Zwischenstufen einen sehr schönen Farbverlauf mit 3D-Wirkung.

Komplementärfarben sind immer eine Primär- und eine Sekundärfarbe, die im Farbkreis gegenüberliegen. Das Mischen von zwei Primärfarben ergibt die Komplementärfarbe der dritten Primärfarbe (Rot + Gelb = Orange, Orange ist komplementär zu Blau). Auch Komplementärfarben kann man sehr geschickt einsetzen, da diese oftmals einen sehr schönen Kontrast aufweisen und den Stein so richtig zum „Leuchten" bringen können. Eine sehr schöne Wirkung auf Mandala-Steinen hat der Einsatz einer Farbe, z. B. Violett, kombiniert mit ihrer Komplementärfarbe (Gelb) in Metallic, also Gold.

Auch lassen sich Farben in warm und kalt einteilen. Als warme Farben gelten in der Regel

Rot, Orange und Gelb. Als kalte Farben gelten Violett, Blau und Grün. Warme Farben treten visuell nach vorne und kalte nach hinten. Ein Hauch von Weiß, Elfenbein oder einer anderen hellen Farbe sorgt für schöne und feine Highlights im Mandala, was die Konturen vom Muster zusätzlich betont. Metallicfarben eignen sich perfekt für Top Dots (kleinere Punkte auf großen Punkten, nachdem diese getrocknet sind).

Tipp

Mache deine Top Dots nie zu klein, da sie dann nur schlecht sichtbar sind und Unruhe in das Muster bringen. Verwende für diese Punkte ähnliche Farben wie bei den Punkten, auf die du sie setzen möchtest, um die Harmonie des Steins beizubehalten.

TECHNIK

Bevor du mit deinem ersten Dot Painting startest, solltest du die folgenden Punkte der Reihe nach beachten:

Verwende für deine Übungen dickes A4-Papier (min. 200 g/m²) und ein Kugeltool und schaue was passiert, wenn …

… du das Kugeltool zwischen Farbaufnahme und Farbabgabe drehst.

Das Erste und Wichtigste ist sicherlich die Farbkonsistenz, denn sie ermöglicht es uns, schöne, gleichmäßige und vor allem runde Punkte zu machen und trägt dazu bei, dass unsere Swipes gelingen, schön geformt sind und lang werden. Wenn wir die verdünnte Farbe mit unserem Tool aufnehmen, sollte die Farbe auf dem Tool in Form eines Tropfens „hängen". Dieser Tropfen sollte immer nach unten gerichtet sein und das Tool zwischen Farbaufnahme und Farbabgabe auf keinen Fall gedreht werden.

… du mehr und wenn du weniger Farbe mit dem Tool aufnimmst.

Als nächstes kannst du die Farbladung testen – also die Menge der Farbe, die du mit deinem Tool aufnimmst. Du kannst die Farbe so aufnehmen, dass diese nur an der Spitze des Tools ist, oder das Tool 1 cm tief in die Farbe tunken. Dies hat einen großen Einfluss auf die Größe der Punkte. Je tiefer du das Tool in die Farbe tunkst, desto größer wird dein Punkt.

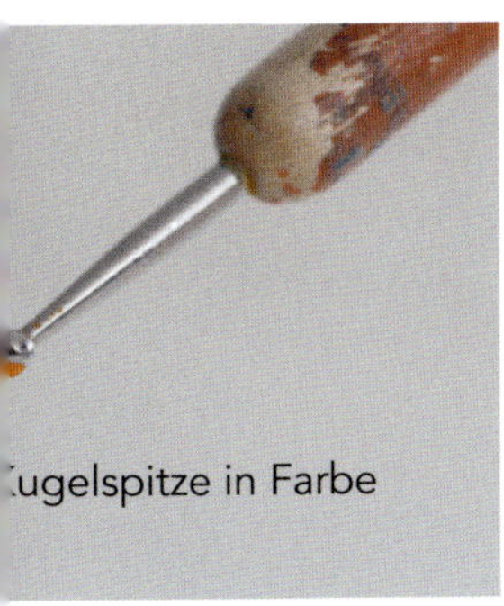
Kugelspitze in Farbe

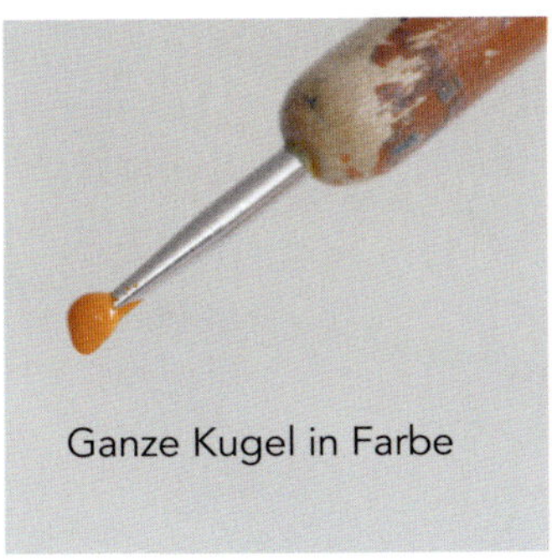
Ganze Kugel in Farbe

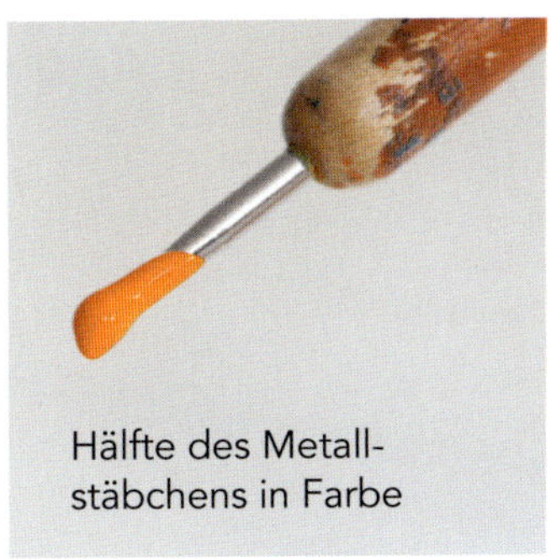
Hälfte des Metallstäbchens in Farbe

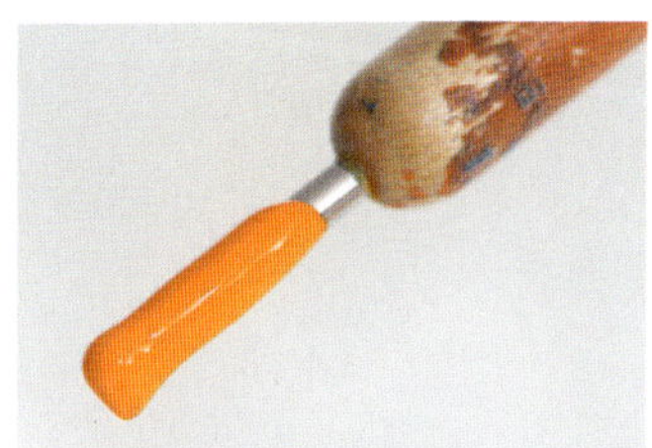
Fast ganzes Metallstäbchen in Farbe

Tipp

Schaue immer genau hin wie viel Farbe du aufnimmst. Wenn du nicht das Maximum an Farbe aufnehmen kannst, dann hast du nicht genügend Farbe auf der Palette oder brauchst ein tieferes Gefäß. Kleine Mini-Marmeladengläser eignen sich sehr gut. In ihnen kannst du die Farbe verdünnen und sie lange aufbewahren, ohne dass sie trocknet.

… du mit der gleichen Farbladung mehr oder weniger Druck anwendest.

Auch spielt der Druck, den du beim Malen anwendest, eine große Rolle. Nimmst du beispielsweise viel Farbe auf und gibst diese so auf die Malfläche ab, dass du den Kontakt zur Malfläche spürst, wird der Punkt größer, als wenn du mit der gleichen Farbladung nur mit der Farbe des Tools und nicht mit dem Tool selbst die Malfläche leicht berührst. Bei letzterem spürst du den Kontakt mit der Malfläche nicht und musst dich 100 % auf deine Augen verlassen.

… du größere Punkte mit dem gleichen Tool machst.

Wie weiß ich, welche Toolgröße ich benötige? Dies ist eine Frage, die sich Anfänger sehr häufig stellen. Es gibt leider keine pauschale Antwort, außer: Übung. Denn das was die Größe der Punkte ausmacht, ist mehr die Farbladung als die Größe des Tools (besonders bei Kugeltools).

Dennoch gibt es zwei Methoden, die am Anfang hilfreich sein können, dies zu bestimmen: entscheide dich für eine Farbladung (z. B. ganze Kugel in Farbe) und wenn du größere Punkte brauchst, kannst du ein Tool in einer Größe größer zur Hand nehmen und die gleiche Farbladung verwenden.

Alternativ kannst du es wie ich machen. Die Größe des Tools spielt in meiner Methode erst dann eine Rolle, wenn das Tool, das ich in der Hand habe, an seine Grenzen kommt. Für den ersten Kreis um den Mittelpunkt herum nehme ich ein Tool mit ganz wenig Farbe darauf. In jedem weiteren Kreis sollten meine Punkte größer werden als im Kreis davor, also nehme ich mit dem gleichen Tool für jeden weiteren Kreis mehr Farbe auf als im Kreis davor. Diesen Vorgang wiederhole ich, bis ich nicht mehr Farbe auf das Tool aufnehmen kann als ich es schon gemacht habe und wechsle erst dann das Tool.

… deine Hand stabil auf dem Tisch liegt.

Dotting Tools solltest du immer tief unten halten, damit deine Hand jederzeit auf dem Tisch liegen kann. Diese Stabilität ist eine große Hilfe und ermöglicht dir, viel kontrollierter und präziser zu arbeiten und die Punkte genauer zu setzen.

… du Punkte langsamer malst als bisher.

Beim Punkte malen, ganz besonders am Anfang, solltest du es langsam angehen. Nimm dir Zeit, erforsche, experimentiere mit deiner Farbe und den Tools. Arbeite achtsam und konzentriert, denn nur, wenn du langsam arbeitest, kommst du schnell ans Ziel!

ERSTE ÜBUNGEN

STÄBCHEN-TOOLS

Diese Tools werden für größere, meistens einzelne Punkte verwendet.

1 Halte das Stäbchen vertikal, nahe an der unteren Kante, damit du deine Hand auf dem Tisch abstützen kannst.

2 Nimm die Farbe so auf, dass die gerade Fläche des Tools mit Farbe abgedeckt ist und achte darauf, dass du für jeden Punkt gleich viel Farbe aufnimmst.

3 Gib die Farbe ohne zu viel Druck kontrolliert auf das Papier ab. Drückst du mit

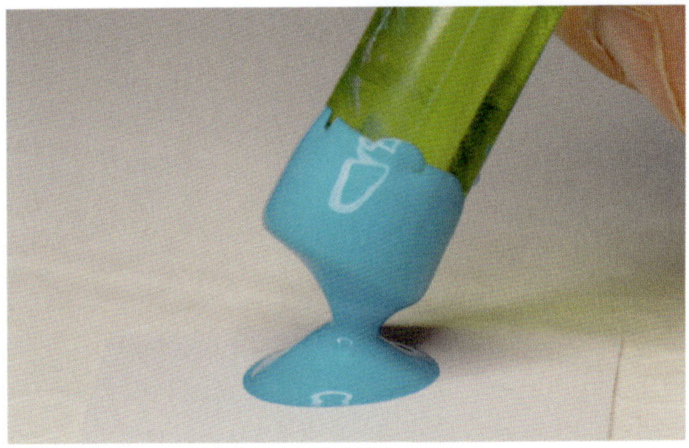

einem Stäbchen zu fest, wird die Farbe auf die Seiten gequetscht, der Punkt wird nicht schön rund und hat leere Stellen. Mache deine ersten Punkte langsam und in Zeitlupe, damit du den Zeitpunkt erkennst, zu dem der Punkt die gewünschte Größe erreicht hat.

4 Mache mehrere gleich große Punkte nebeneinander mit haarbreiten Abständen dazwischen. Probiere dies mit jedem Stäbchen-Tool.

KUGEL-TOOLS

Kugel-Tools werden für kleine Punkte und Walking Dots, aber auch für Swipes und Top Dots eingesetzt.

Im Gegensatz zu Stäbchen-Tools müssen Kugel-Tools nicht vertikal gehalten werden, aber dennoch tief unten wegen des stabilen Halts. Die beste und bequemste Position ist die, mit der du auch deinen Stift beim Schreiben hältst.

Entscheide dich für eine der vier aufgeführten Farbladungen. Nimm Farbe auf und gebe diese Farbe mit dem gleichen Winkel auf dein Papier ab (ohne das Tool zwischen Farbaufnahme und Farbabgabe zu drehen). Hier darfst und solltest du, im Gegensatz zum Malen mit Stäbchen-Tools, den Kontakt mit der Malfläche spüren.

Kugel-Tools solltest du zwischen den Punkten regelmäßig mit einem alten trockenen

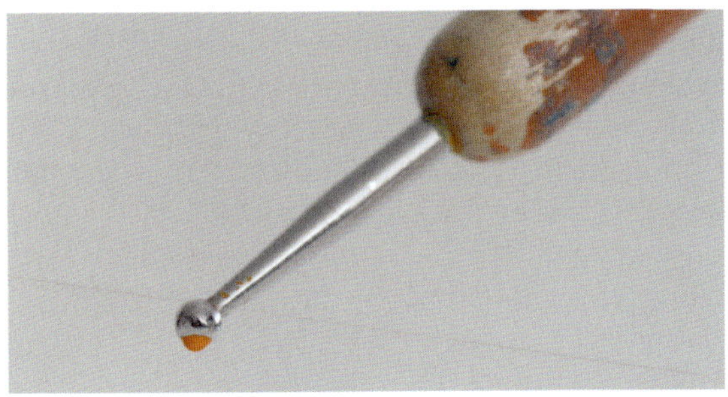

Baumwolltuch abwischen. Die Farbe auf den Tools trocknet sehr schnell und die frische Farbe, die du aufnimmst, sammelt sich mit der Zeit nicht nur auf dem Tool, sondern auch auf der angetrockneten Farbe des Tools. Das führt dazu, dass deine Punkte immer größer werden, obwohl du das Gefühl hast, immer gleich viel Farbe aufzunehmen. Wischst du deine Tools regelmäßig beim Malen ab, musst du sie auch nach dem Malen nicht putzen und die angetrocknete Farbe wegkratzen. Sie werden immer sauber und einsatzbereit sein.

Übung 1: Setze mit einem Kugel-Tool mehrere gleich große Punkte mit haarbreiten Abständen dazwischen nebeneinander.

Übung 2: Setze mit dem gleichen Kugel-Tool wie in Übung 1 mehrere gleich große Punkte nebeneinander. Die Punkte sollten aber kleiner sein als die Punkte in Übung 1.

Übung 3: Nehme ein kleineres Kugel-Tool und setze mehrere gleich große Punkte nebeneinander, die so groß sind wie die Punkte aus Übung 1.

Übung 4: Nimm mit einem Kugeltool viel Farbe auf. Setze jeweils zwei gleich große Punkte nebeneinander, ohne dazwischen neue Farbe aufzunehmen. Arbeite hierzu mit Druck. Für den ersten Punkt berühre das Papier nur mit der Farbe des Tools, beim zweiten mit dem Tool selbst. Wenn du dies gemeistert hast, kannst du versuchen auch drei, vier oder fünf gleich große Punkte mit einer Farbladung zu setzen.

WALKING DOTS

Nimm mit einem Kugel-Tool Farbe auf und mache mehrere Punkte nebeneinander, ohne zwischen den Punkten neue Farbe aufzunehmen. Die Punkte werden immer kleiner bis die Farbe aufgebraucht ist. Nimmst du mehr Farbe mit dem Tool auf, wird der Weg den du gehen kannst etwas länger, aber die Punkte werden auch etwas größer.

Tipp

Möchtest du längere Wege mit Walking Dots gehen, ohne dass die ersten Punkte größer werden, verwende ein kleineres Tool mit einer viel größeren Farbladung.

Übung:

1 Setze einen größeren Punkt mit einem Stäbchen-Tool.

2 Verwende anschließend ein Kugel-Tool mit zwei verschiedenen Kugelgrößen. Mit der größeren Kugel machst du einen Punkt oberhalb des ersten Punktes.

3 + 4 Mit der kleineren Kugel machst du deine Walking Dots vom kleineren Punkt aus von beiden Seiten um den ersten Punkt herum. Achte immer darauf, dass der Abstand der Walking Dots untereinander, aber auch der Abstand zwischen den Walking Dots und des ersten Punktes immer gleich klein gehalten wird.

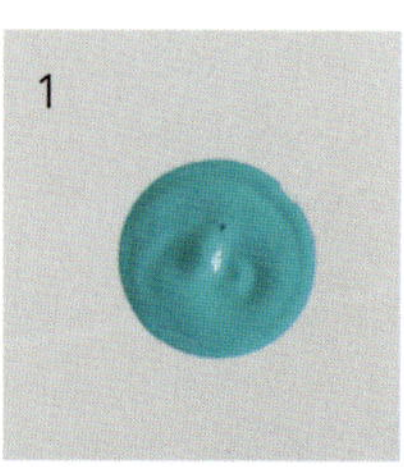

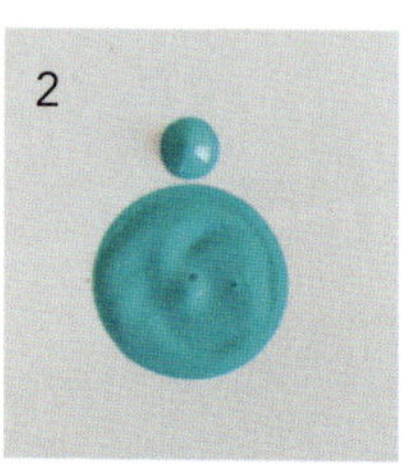

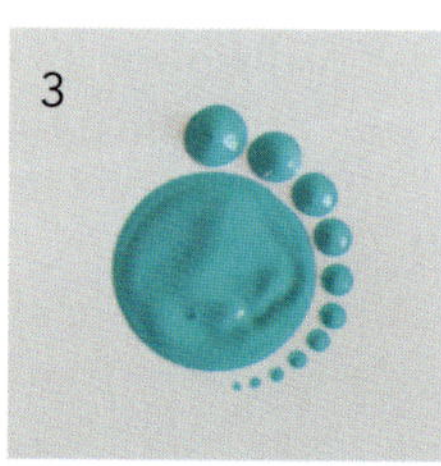

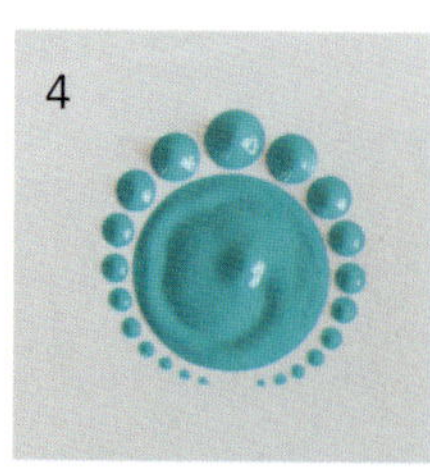

SWIPES VARIANTE 1

Diese tropfenförmigen Elemente werden mit einem Kugel-Tool in einer langsamen, fließenden Bewegung gemacht. Nimm viel Farbe mit deinem Tool auf und ziehe ganz langsam einen vertikalen Strich, bis keine Farbe mehr kommt. Fertig ist dein Swipe.

Für gelungene Swipes gibt es drei Voraussetzungen.

1. Die Konsistenz der Farbe: Mit einer pastosen Farbe funktionieren Swipes nur sehr schlecht, sie werden kurz und es ist sehr schwierig, gleich große Swipes zu malen. Die Farbe sollte recht flüssig sein.

2. Die Farbladung: Wenn du schöne und lange Swipes ziehen möchtest, brauchst du sehr viel Farbe auf deinem Kugel-Tool. Tauche dein Tool daher ca. 1 cm tief in die Farbe. Falls das nicht geht, benötigst du ein tieferes Gefäß oder mehr Farbe auf deiner Palette.

3. Die Geschwindigkeit, mit der du die Swipes ziehst: Die Farbe braucht Zeit, um vom Tool auf die Malfläche zu fließen, daher funktionieren Swipes um einiges besser, wenn man sie langsam macht.

Übung 1: Gib ein wenig Farbe aus der Tube auf deine Mischpalette und verdünne diese

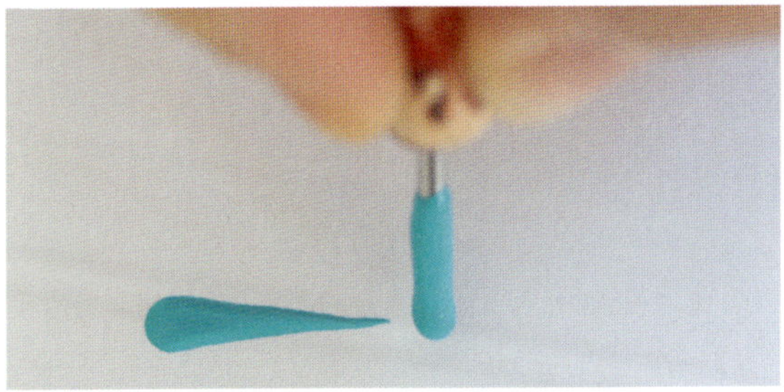

vorerst nicht. Male mit dieser Farbe einen Swipe auf dein Blatt Papier. Füge ein paar Tropfen Wasser in deine Farbe, verrühre es gut und mache einen weiteren Swipe direkt neben den ersten. Wiederhole diesen Vorgang so lange, bis deine Farbe sehr flüssig ist. Je flüssiger die Farbe, desto länger werden deine Swipes. So kannst du dich am besten entscheiden, mit welcher Konsistenz du am liebsten arbeitest.

Übung 2: Bringe deine Farbe auf eine für dich passende Konsistenz und nimm viel Farbe mit einem Kugel-Tool auf. Male langsam und kontrolliert einen Swipe. Nimm anschließend gleich viel Farbe mit dem gleichen Tool auf und mache den nächsten Swipe ganz schnell.

Tipp

Soll dein Swipe länger werden, verdünne die Farbe etwas mehr und nimm viel Farbe mit dem Tool auf. Möchtest du den Swipe länger machen, ohne dass der breitere Teil noch breiter wird, verwende ein kleineres Tool und nimm damit mehr Farbe auf. Sollen deine Swipes gleich lang werden, benötigst du auch immer gleich viel Farbe auf deinem Tool.

SWIPES VARIANTE 2

Die zweite Variante sind kontrollierte, präzise gesetzte Swipes, die meistens sehr dicht aneinandergesetzt werden. Für diese Swipes brauchst du ein Stäbchen-Tool (oder ein großes Kugel-Tool) und das kleinste Kugel-Tool aus deinem Set.

Für diese Art von Swipes spielt die Farbkonsistenz, aber auch die Menge der Farbe eine große Rolle.

Übung 3: Setze mit einem mittelgroßen Stäbchen-Tool einen Punkt. Male mehrfach zusätz-

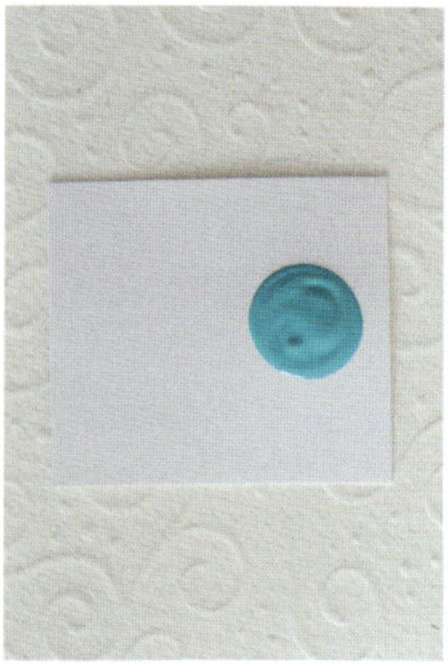
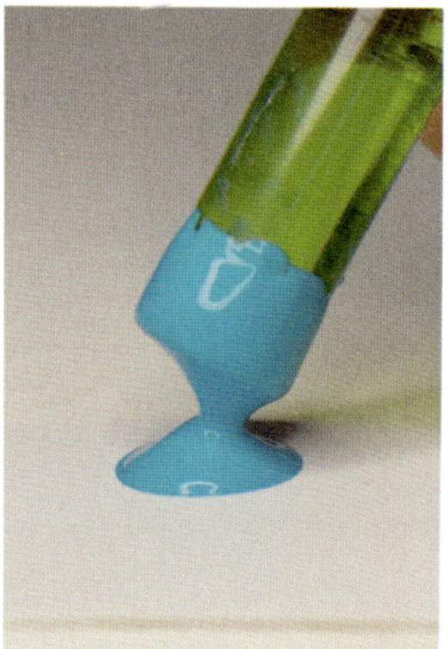
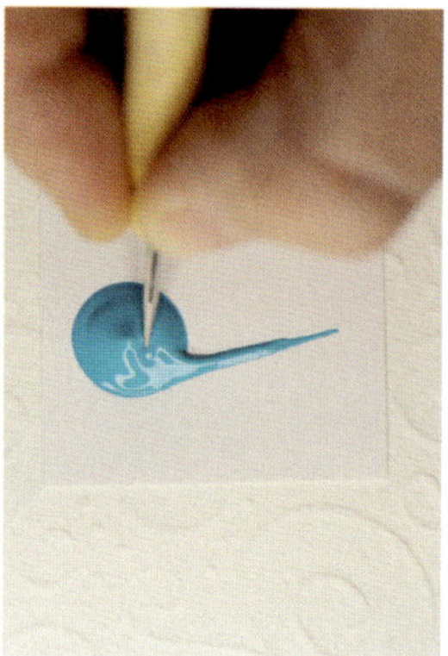
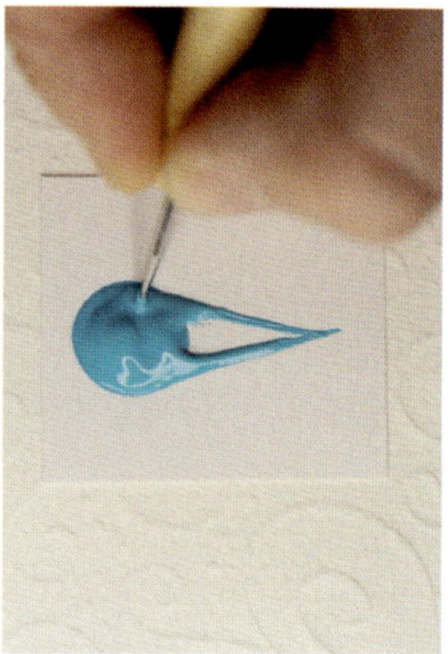
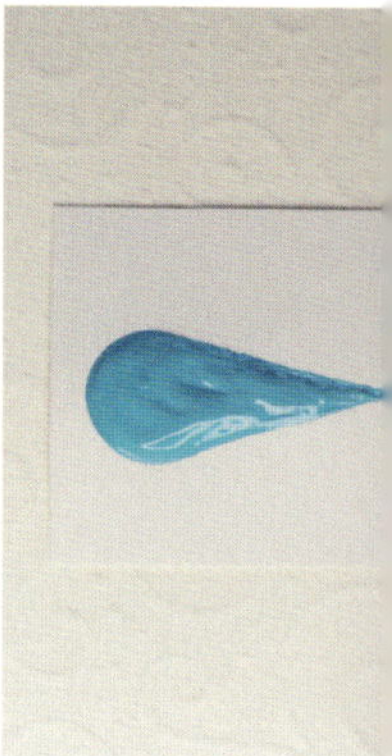

lich Farbe auf den Punkt, indem du mit deinem Stäbchen Farbe aufnimmst und diese auf den Punkt ablegst. Tu dies so, dass nur die Farbe des Tools die Farbe vom Punkt berührt. Arbeite hier nicht mit Druck, denn das würde den Punkt ausdehnen. Wenn du einen richtig schönen runden 3D-Punkt hast, ziehst du die Farbe auf dem Punkt mit deinem kleinen Kugel-Tool nach unten und formst den Swipe. Es braucht etwas Geduld und Übung, aber schon bald klappen auch diese Swipes sehr gut.

Tipp

Für Swipes der Variante 2 eignet sich eine Stopfnadel noch viel besser als ein kleines Kugel-Tool. Du kannst sie in Fimo einarbeiten und einen Stift draus machen. Auch sind Graviernadeln und feine Pinsel sehr gute Werkzeuge für diese Technik.

DESIGN

Wie in einem Binärsystem entstehen mit einem Punkt und einem Swipe unendliche Möglichkeiten für Designs. Die Devise ist: Farben und Tool nehmen und experimentieren. Dennoch, oder gerade weil es nur zwei Elemente gibt, ist es oftmals schwierig, komplexe Muster zu „bauen", ganz besonders am Anfang.

Hierbei kann eine Basis sehr hilfreich sein. Das Basis-Muster im Dot Painting ist das sogenannte Fibonacci-Muster, welches oft in der Natur (z. B. in Blumen) zu sehen ist. In diesem Muster sind die Lücken und nicht die Punkte die Elemente, die das Muster bestimmen. Aus diesem Muster können unzählige verschiedene Designs entstehen und es ist gleichzeitig die beste Übung für Technik, Symmetrie und das freihändige Malen mit der Dotting Technik.

Die gleich großen Punkte erreichen wir, wie im ersten Teil erklärt mit der richtigen Technik: gleich viel Farbe auf das Tool laden, gleich viel Druck auf die Malfläche ausüben. Auf die Abstände hingegen haben wir keine solche Kontrolle, wir müssen uns auf unser Auge verlassen und diese gleich großen Abstände gelingen am besten, wenn du sie so klein wie möglich haarbreit nebeneinander malst.

FEHLER KORRIGIEREN

Wenn du einmal einen Fehler gemacht hast, ist das meist gar nicht so schlimm. Immerhin sind deine handgemachten Kunstwerke immer ein Unikat! Falls du aber doch einmal eine Korrektur auf deinem Mandala-Stein vornehmen möchtest, bieten sich dir die folgenden Möglichkeiten:

- Wenn die Farbe noch feucht ist, kannst du die misslungenen Punkte ganz einfach mit einem feuchten Wattestäbchen und einer Drehbewegung wegwischen.

- Wenn die Farbe schon getrocknet ist, kannst du die Punkte, die dir nicht gefallen, mit der Grundierfarbe übermalen oder sie vorsichtig mit einem Schaber wegkratzen und die Stelle anschließend grundieren.

- Dir gefallen deine Punkte oder Elemente, du hättest sie aber lieber in einer anderen Farbe gemacht? Kein Problem! Wenn sie trocken sind, kannst du einfach Punkte in der gleichen Größe und der richtigen Farbe daraufsetzen und sie so übermalen.

Jetzt bist du bereit und kannst mit deinen eigenen Designs starten. Lese zuerst das komplette Design durch und schaue dir die Fotos an, um sicher zu gehen, dass du alles an Materialien parat hast, was du brauchst und alle Abläufe gut verstehst. Wenn du neu im Dot Painting bist, starte zuerst mit den einfachen Designs und arbeite dich zu den komplexeren hoch. Achte dazu auf die angezeigten Schwierigkeitsgrade.

Wenn du merkst, dass die Punkte oder Abstände noch nicht gleich groß sind, kannst du jederzeit erneut einige Übungen aus dem Grundlagenteil dieses Buches (siehe Seite 19 ff.) machen.

Nun wünsche ich dir viel Spaß auf deiner kreativen Reise durch die folgenden Dot Painting-Designs!

Online findest du praktische Übungs-Vorlagen mit denen du noch schneller zum Dotting-Profi wirst. Diese stehen dir in der digitalen Bibliothek unter www.topp-kreativ.de/digibib nach erfolgter Registrierung zum Ausdrucken bereit. Den Freischaltcode findest du im Impressum!

Fibonacci

DU BRAUCHST:

- ca. 10 cm Malfläche
- Grundierungsfarbe in Oxidschwarz
- Acrylfarbe in Blau, Braun und Weiß
- Malpalette
- Dotting Tools

1 Grundiere deinen Stein in Schwarz. Setze den Mittelpunkt mit einem Stäbchen-Tool. Achte dabei darauf, dass er schön rund und genau in der Mitte ist, da seine Form neben anderen Faktoren (z. B. die Aufteilung der Punkte im ersten Kreis) ausschlaggebend für die Symmetrie des Mandalas ist.

2 Nimm dein kleinstes Kugeltool und setze mit möglichst wenig Farbladung die ersten Punkte in folgender Reihenfolge: 12 Uhr, 6 Uhr, 3 Uhr und 9 Uhr. Nimm stets gleich viel Farbe auf, damit alle Punkte im Kreis die gleiche Größe haben und achte darauf, dass der Abstand jedes Punktes zu seinen beiden Nachbarpunkten gleich groß ist. Je größer der Mittelpunkt, desto mehr Punkte kannst du im ersten Kreis platzieren und desto filigraner wird dein Muster.

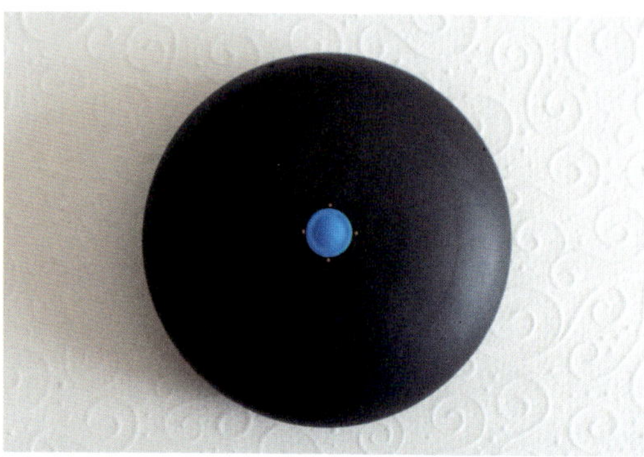

3 Setze nun zwischen jeden Punkt einen weiteren. Wiederhole diesen Vorgang so lange, bis du keinen Platz mehr zwischen den Punkten hast. Kontrolliere, ob du genügend Platz hast, indem du stets mit der kleinsten Lücke anfängst und zuerst dein trockenes Tool aufsetzt. Wenn in der kleinsten Lücke noch Platz ist, dann passen die Punkte auch in alle anderen Lücken. Wenn du dir unsicher bist, lasse lieber eine Lücke als die Punkte zu quetschen, da dies später unordentlich wirkt.

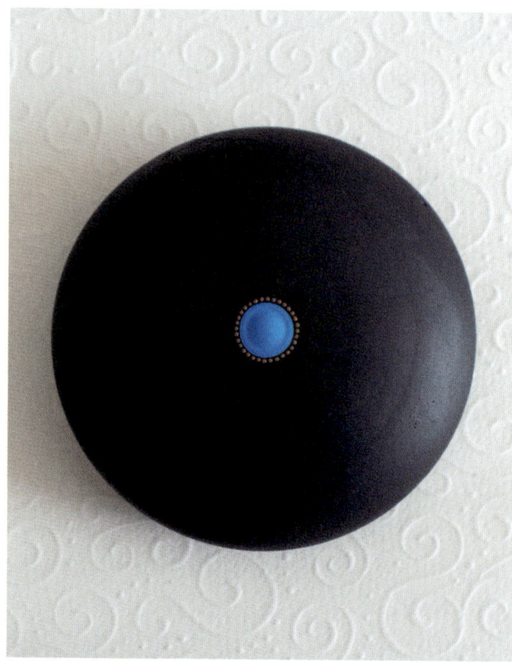

4 Nachdem der erste Kreis abgeschlossen ist, beginnst du mit dem zweiten Kreis. Setze die neuen Punkte nicht direkt über die Punkte des ersten Kreises, sondern versetzt jeweils in die Lücke zwischen den bisherigen Punkten. Achte darauf, die Abstände zwischen den Punkten in diesem und den folgenden Kreisen so klein wie möglich zu halten.

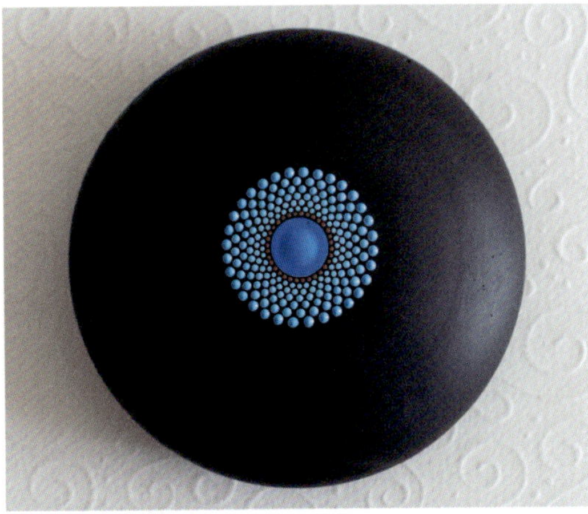

5 Wiederhole diesen Vorgang für mehrere weitere Kreise und setze immer größer werdende Punkte mit größerer Farbladung. Wenn du möchtest, kannst du den Stein komplett mit diesem Muster füllen. Spätestens nach fünf Kreisen sollte das Fibonacci-Muster langsam erkennbar werden und die langen gebogenen „Blütenblätter" werden sichtbar.

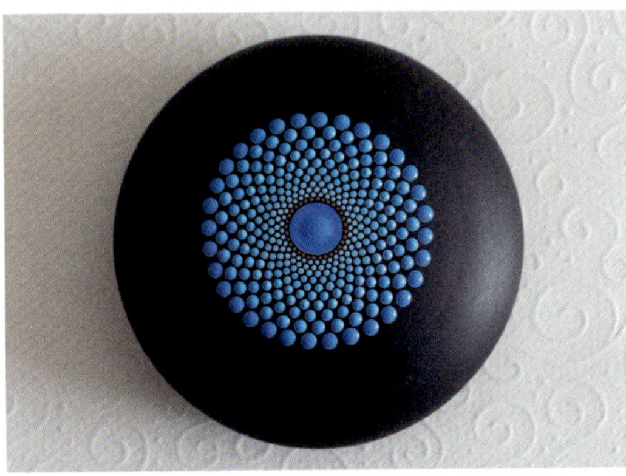

6 Nach jedem Kreis kannst du frei entscheiden, ob du mit dem Fibonacci-Muster fortfahren oder ein komplexeres Muster aufbauen möchtest. Für ein komplexeres Muster malst du in jede zweite Lücke kleine Punkte, die die Position der größeren Punkte markieren. Setze anschließend auf jeden kleinen Punkt einen größeren.

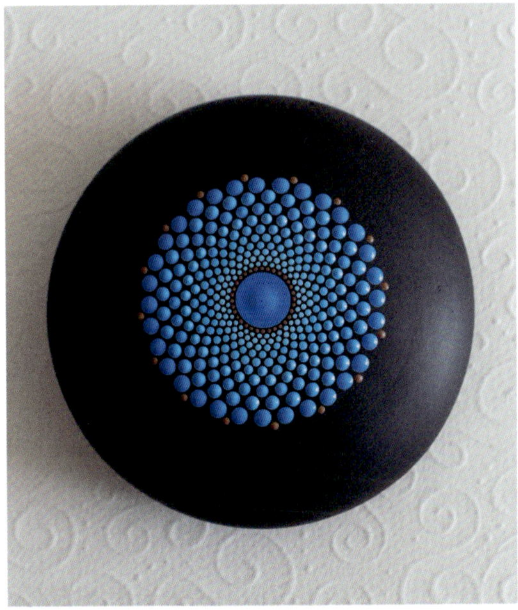

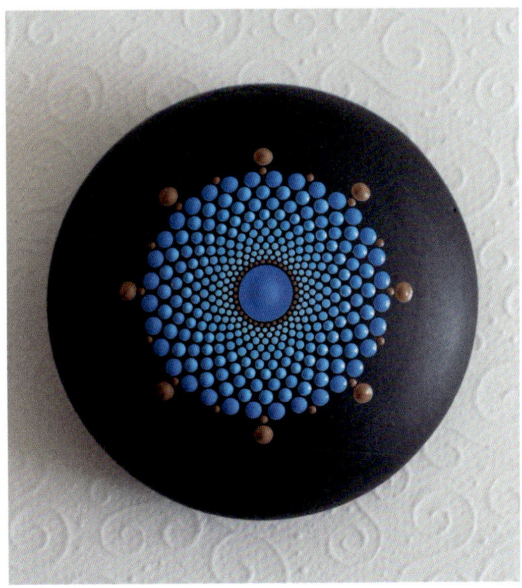

7 Für die Walking Dots setzt du auf alle großen Punkte zunächst (nach dem Prinzip 12, 3, 6, 9 Uhr) den größeren Punkt der Walking Dots. Danach setzt du die Walking Dots auf jeder Seite dieser Punkte.

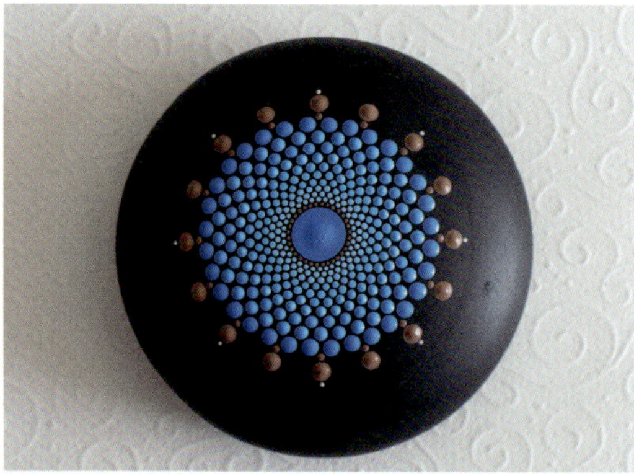

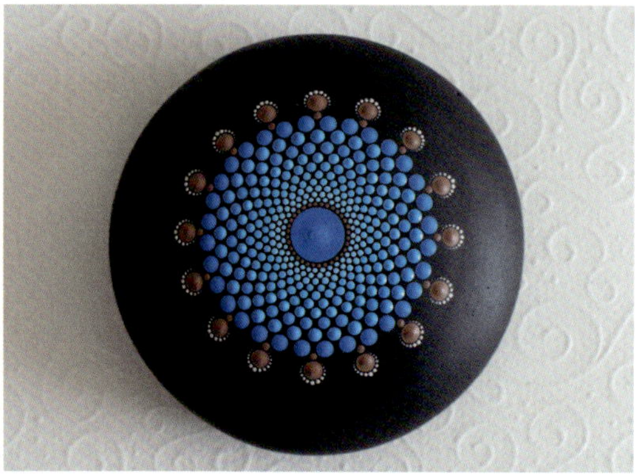

8 Du kannst dieses Muster nun so lange wiederholen, bis die Lücken gefüllt und der Kreis abgeschlossen ist.

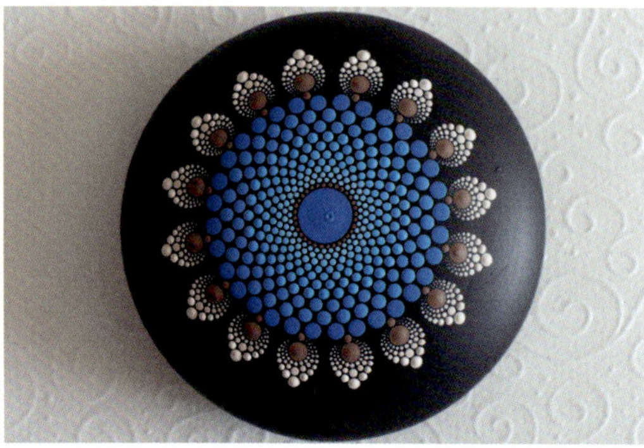

9 Zum Abschluss jeweils vier Punkte in die Lücken setzen, drei davon gleich groß und einen ganz kleinen. Fertig ist dein Stein!

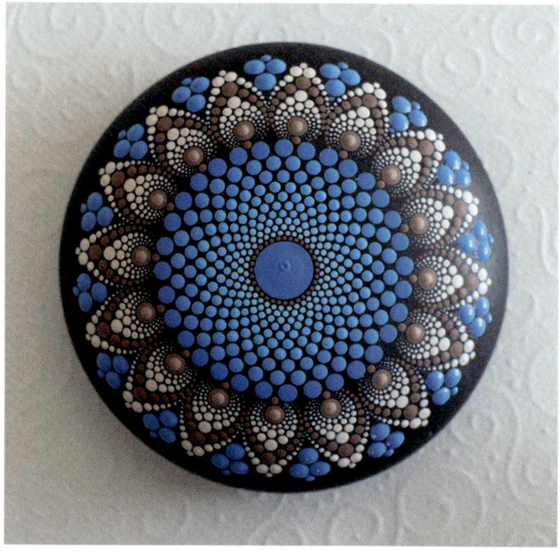

Tipp

Du kannst dein Fibonacci-Muster statt mit Walking Dots auch mit Swipes oder anderen Elementen fortführen. Was du machst ist deine Entscheidung, es gibt kein Richtig oder Falsch. Probiere alles aus, teste verschiedene Möglichkeiten und habe keine Angst davor, Fehler zu machen, denn Fehler sind Wegweiser, die uns helfen besser zu werden!

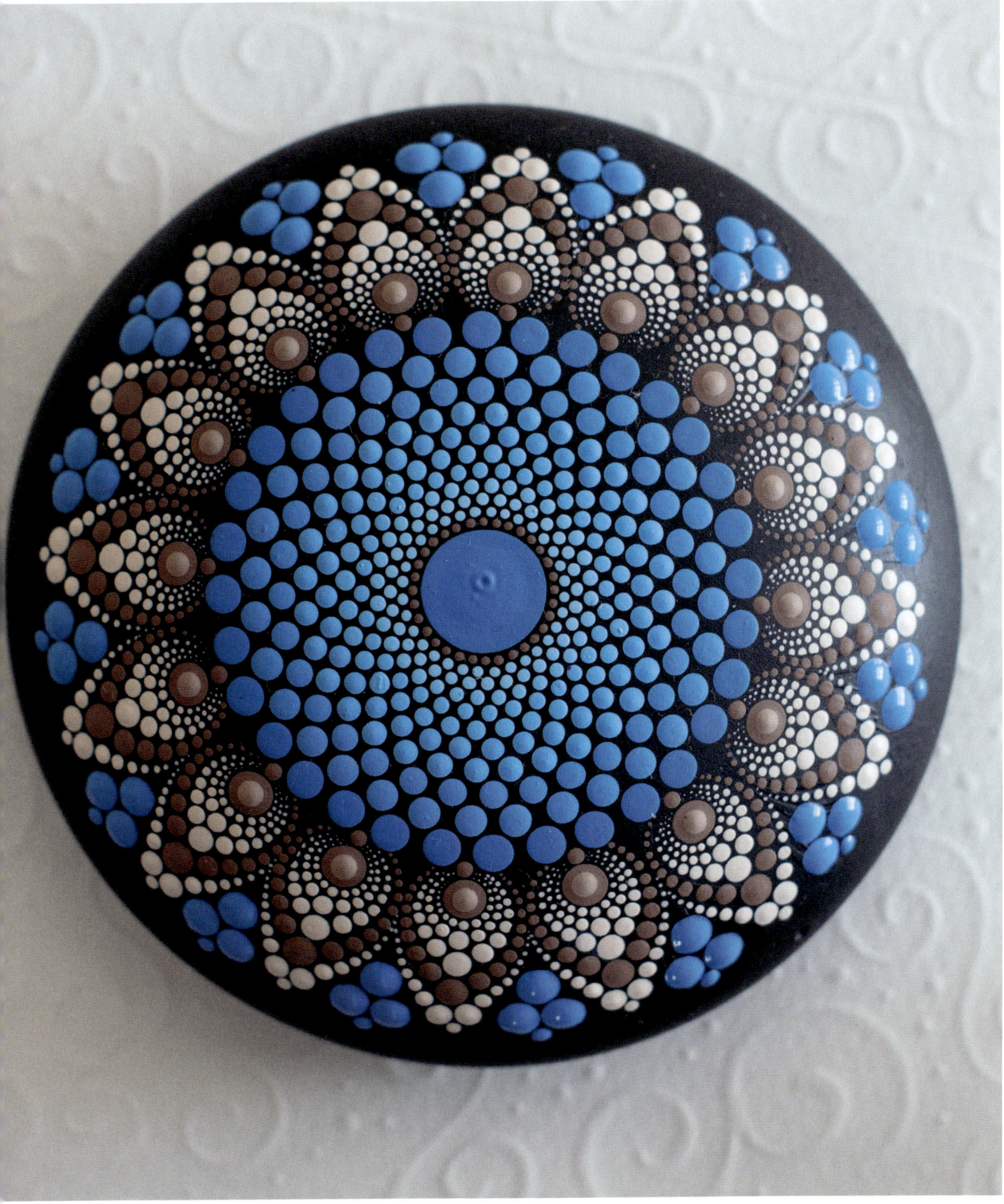

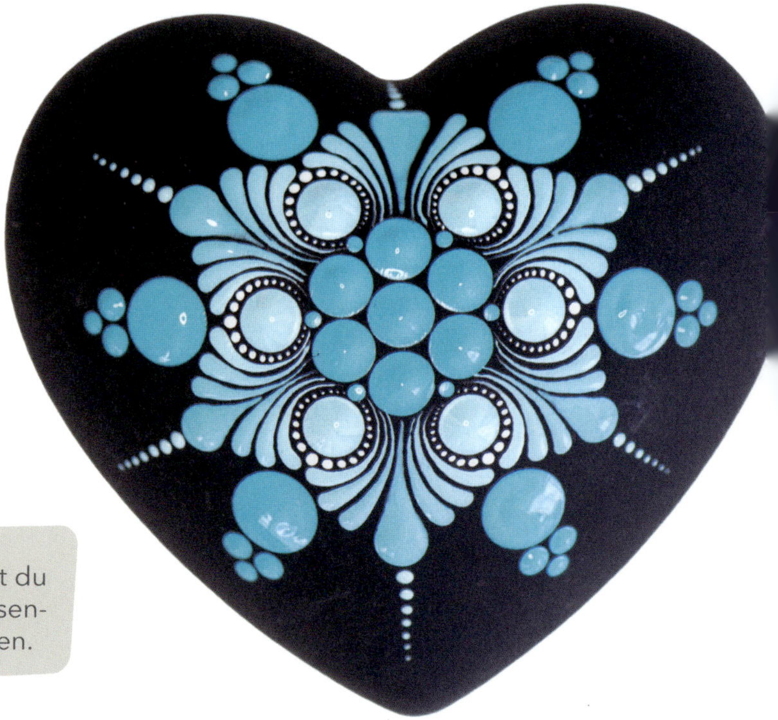

Tipp

Wenn die Punkte getrocknet sind, kannst du auf diese kleinere Punkte in einem passenden Metallic-Ton oder Perlmuttweiß setzen.

Eiskristall

DU BRAUCHST:

- ca. 7 cm Malfläche, Herz-Rohling
- Grundierungsfarbe in Oxidschwarz
- Acrylfarbe in Türkisblau, in drei Farbtönen
- Acrylfarbe in Weiß
- Malpalette
- Dotting Tools

1 Grundiere deinen Herz-Stein in Schwarz. Setze im dunkelsten Farbton mit einem großen Kugeltool oder einem kleineren Stäbchentool den Mittelpunkt und platziere sechs gleich große Punkte dicht um ihn herum. Beginne dabei mit dem Punkt auf 12 Uhr und mache danach den nächsten Punkt auf 6 Uhr. Am Schluss füllst du die Lücken links und rechts mit jeweils zwei Punkten.

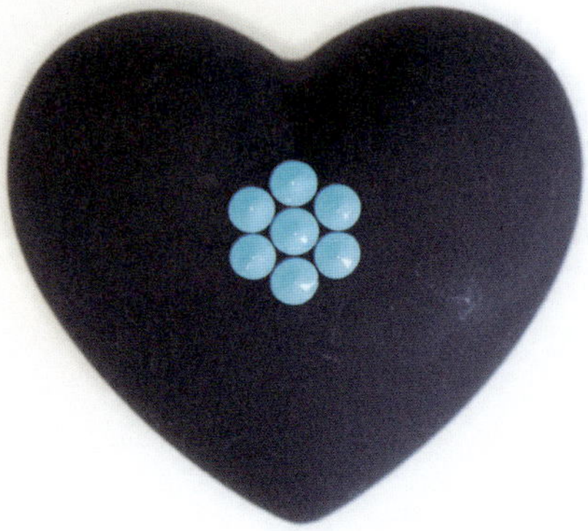

2 Platziere in die Lücken zwischen den Punkten ganz kleine Punkte und drüber Punkte in der Größe des Mittelpunktes in deinem hellsten Farbton.

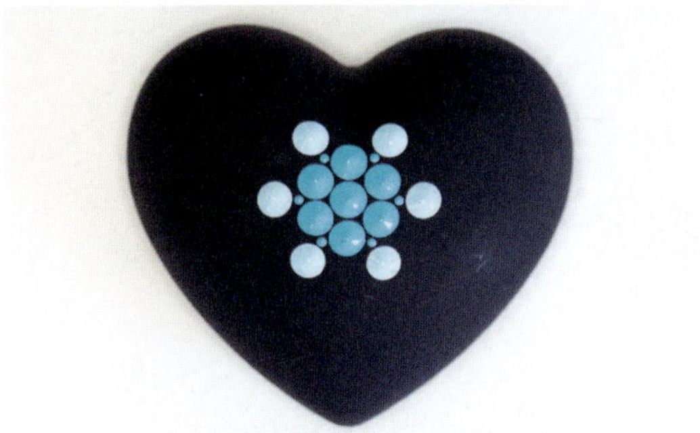

3 Um die hellen Punkte platzierst du nun weiße Walking Dots.

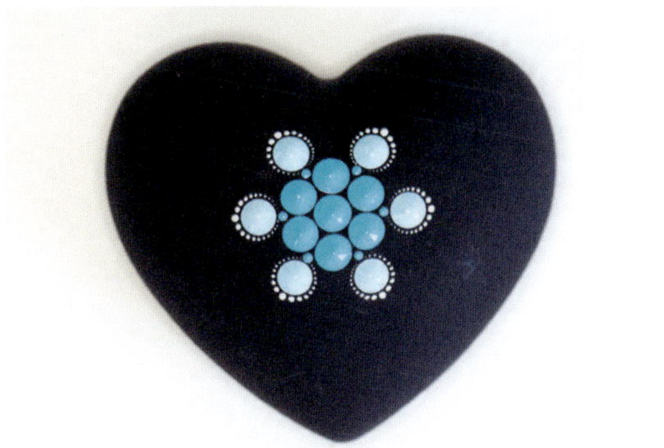

4 Ziehe anschließend die Swipes (Variante 1, siehe Seite 23) dicht an den Walking Dots und nah aneinander, bis sich die Lücke füllt. Beginne dazu mit dem hellsten Farbton.

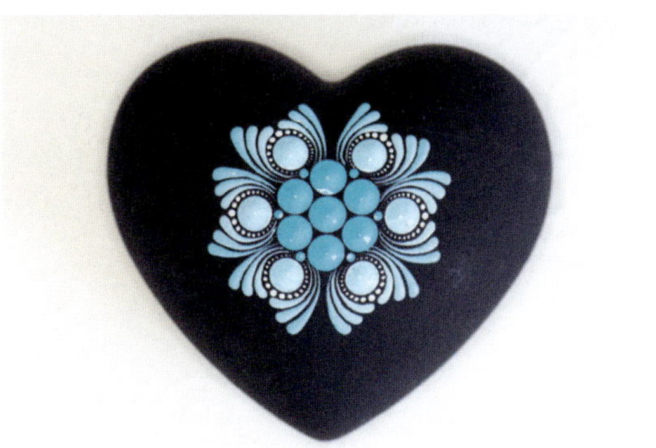

5 Fülle die verbliebene Lücke mit einem Swipe der Variante 2, siehe Seite 23.

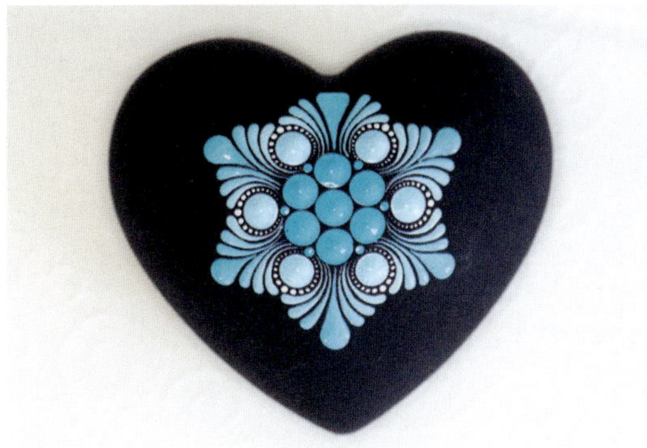

6 Mache dort, wo die Swipes eine Lücke hinterlassen haben, einen Punkt, der größer ist als der Mittelpunkt und anschließend drei kleine Punkte oberhalb dieses Punktes.

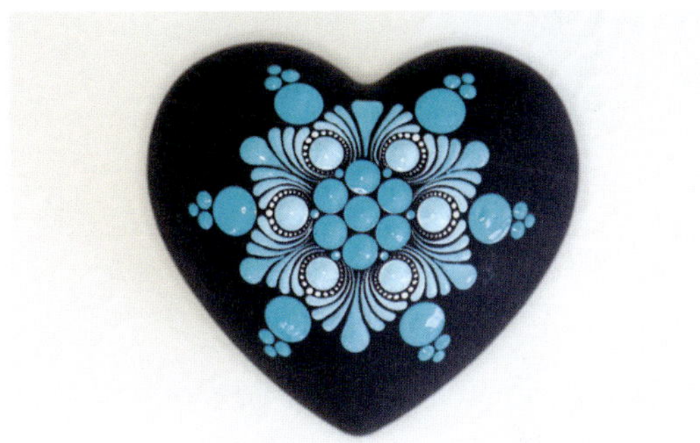

7 Jetzt kannst du feine Walking Dots vom größten Swipe nach außen setzen.

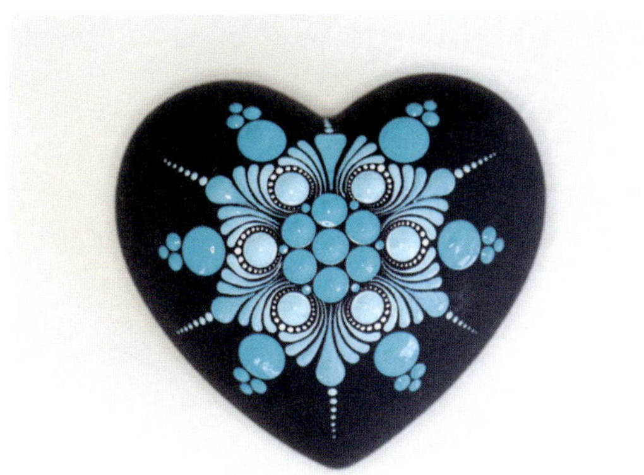

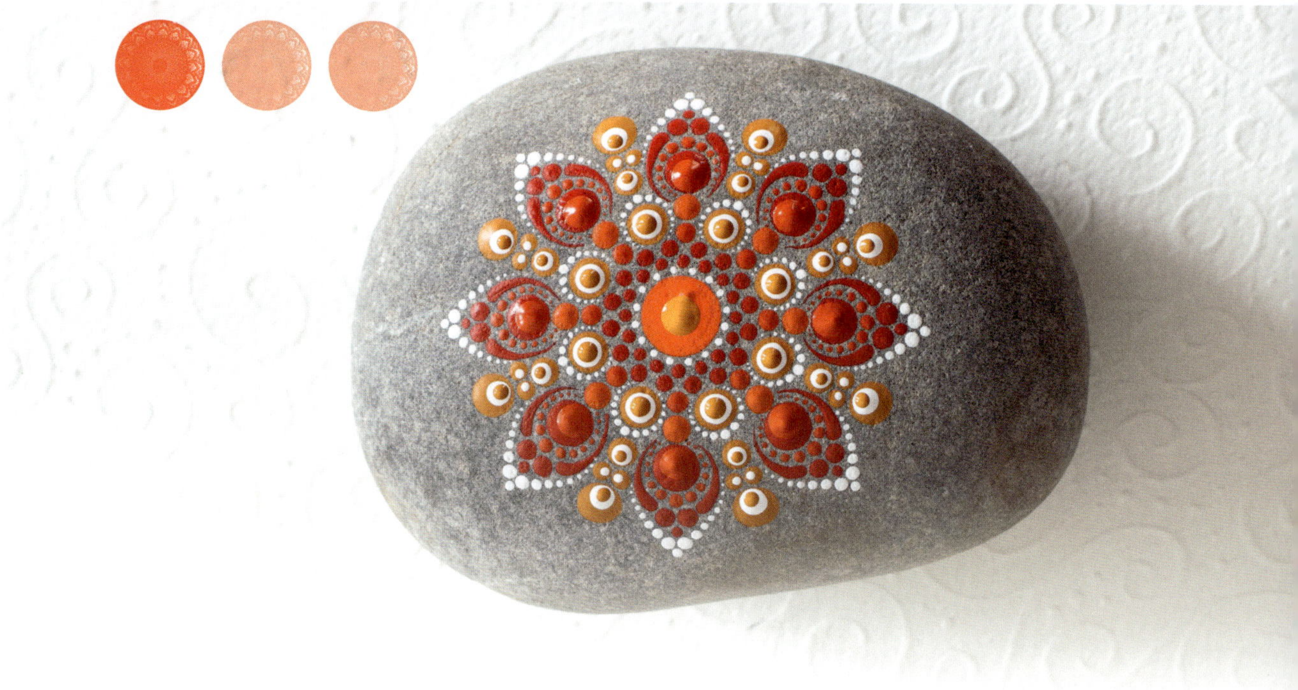

Mandalazart

DU BRAUCHST:

- ca. 8 cm Malfläche, Naturstein
- Acrylfarbe in Gelb, Orange, Rot und Weiß
- Malpalette
- Dotting Tools

1 Setze einen Mittelpunkt und 16 kleine weiße Punkte um ihn herum. Nun setzt du zwei Kreise mit der Fibonacci-Spirale (siehe Seite 26) in Rot fort. Im dritten Kreis angekommen, setzt du jeweils einen größeren Punkt in Gelb in jede zweite Lücke. Anschließend platzierst du um diese gelben Punkte Walking Dots.

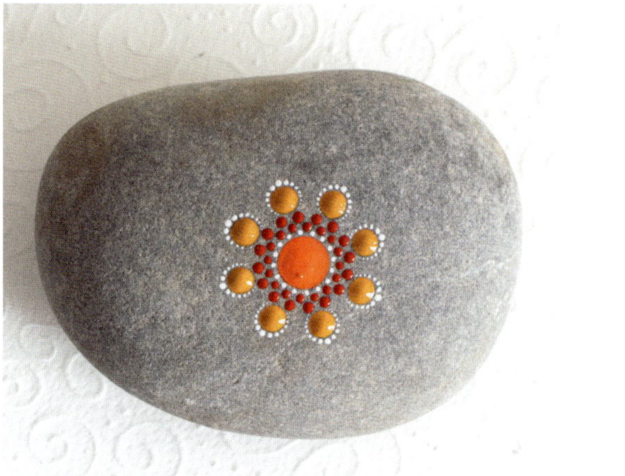

2 Zwischen die großen gelben Punkte kleine rote Punkte setzen. Über diese roten Punkte etwas größere rote Punkte und über diese roten Punkte nochmals große rote Punkte mit roten Walking Dots platzieren.

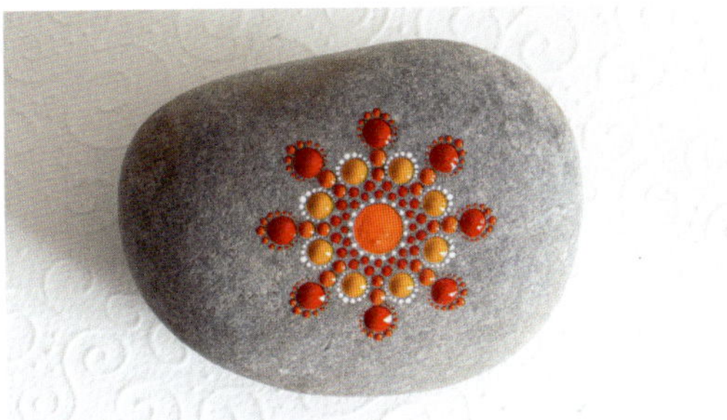

3 Über den roten Walking Dots zwei gleich große Punkte setzen und einen kleineren Punkt darüber platzieren. Von diesen Punkten aus Swipes der Variante 1 (siehe Seite 23) um den Punkt herumziehen.

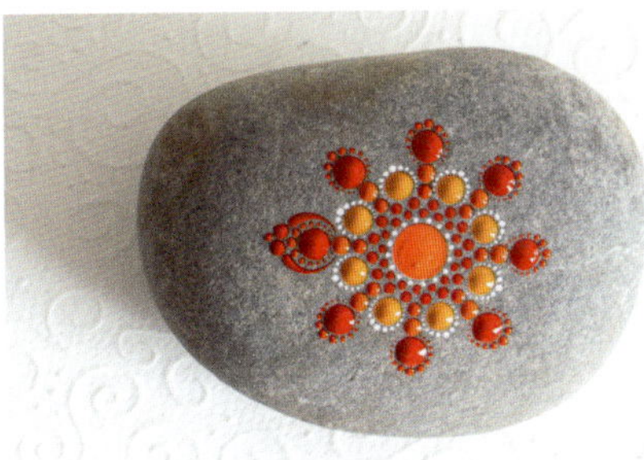

4 Zwischen den Swipes Punkte in Gelb setzen, so groß, dass die Lücke gefüllt ist, ausgehend von der kleinsten Lücke. Über diesen Punkten jeweils zwei kleine Punkte setzen und dann noch einen großen.

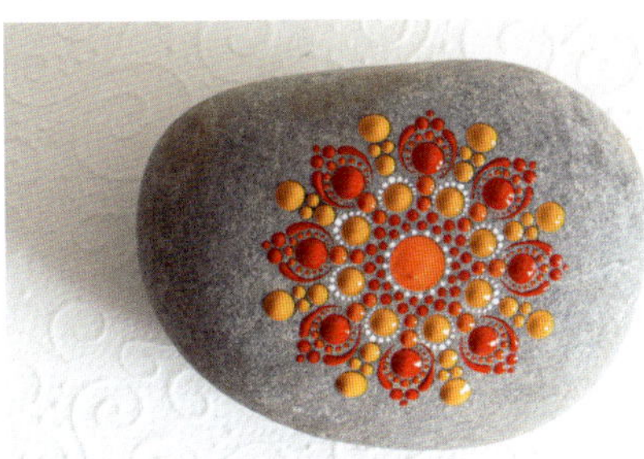

5 Über die roten Swipes-Elemente zwei kleine weiße Punkte setzen, und einen kleineren obendrauf. Anschließend Walking Dots nach unten aufbringen.

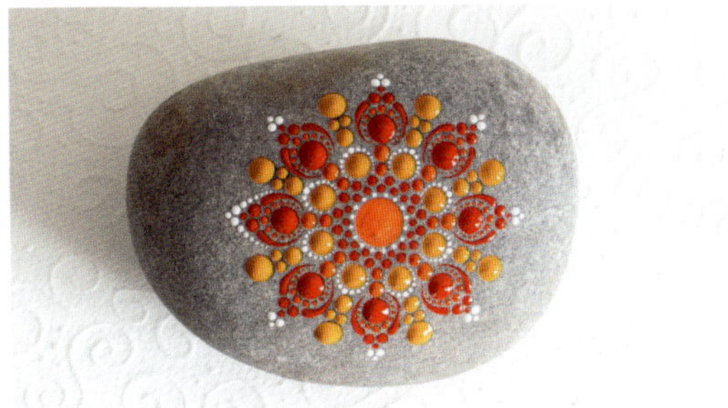

6 Wenn alles gut getrocknet ist, Top Dots in Weiß auf alle gelben Punkte und in Orange auf alle roten Punkte setzen.

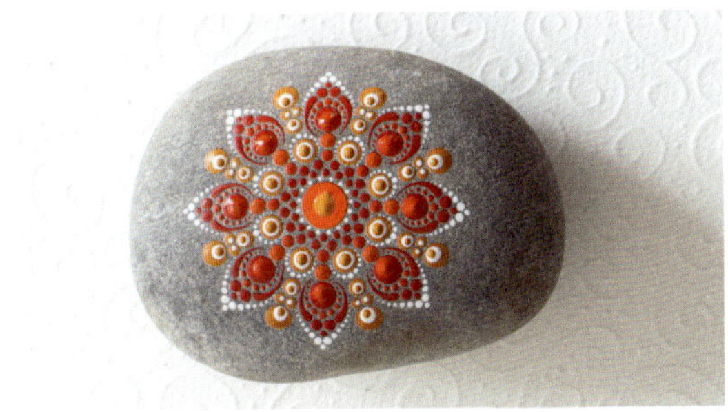

Tipp

Wenn die Top Dots getrocknet sind, kannst du auch noch weitere Top Dots auftragen.

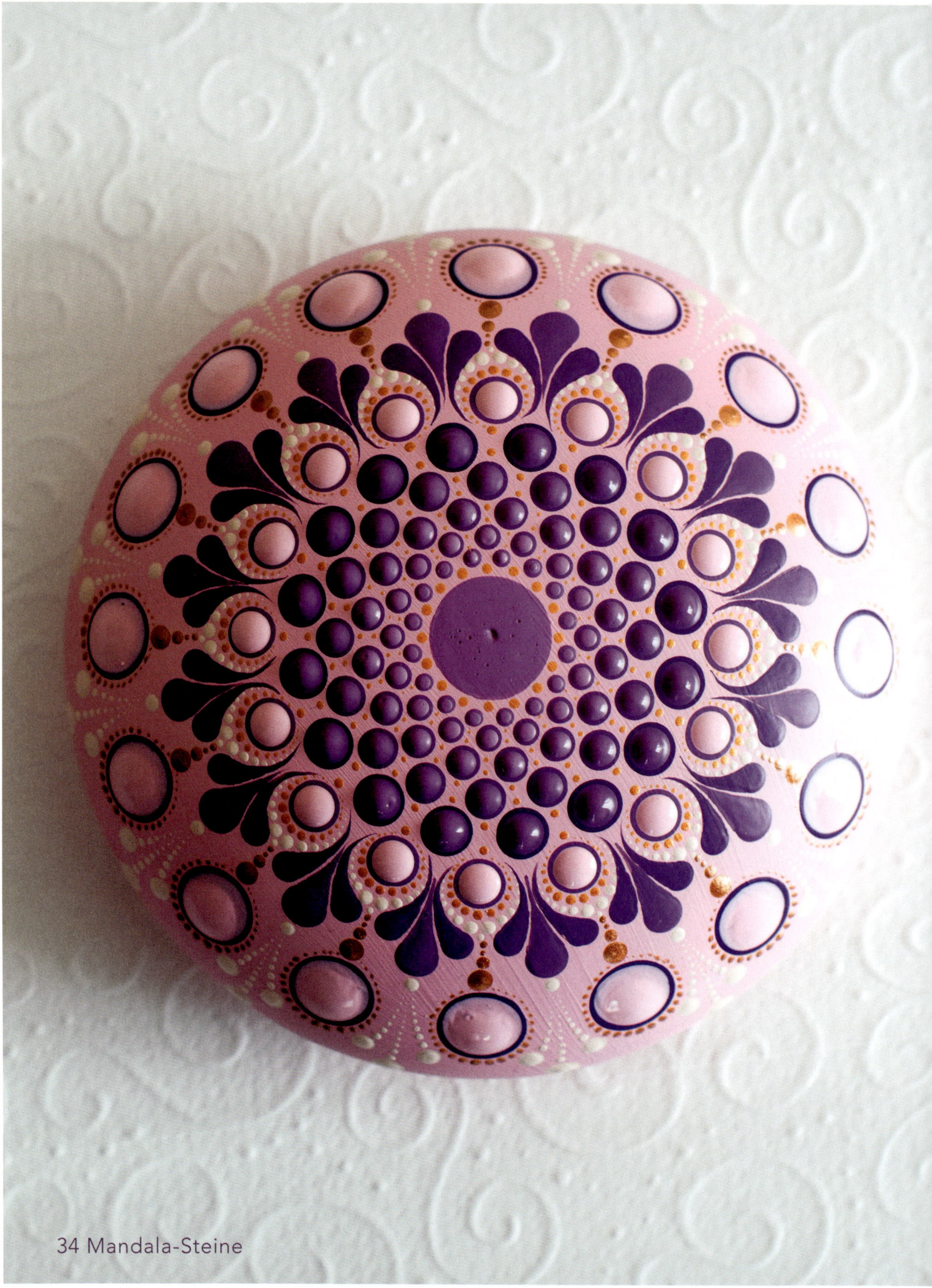

Kleine Prinzessin

DU BRAUCHST:

- ca. 10 cm Malfläche
- Acrylfarbe in Permanent Violett deckend, Farbverlauf mit sechs Farbtönen (in der Anleitung steht „1“ für den hellsten Farbton und „6“ für den dunkelsten)
- Acrylfarbe in Dunkelgold Metallic
- Grundierung in Persischrosa
- Acrylfarbe in Neapel Rotgelb Hell
- Malpalette
- Dotting Tools
- Detailpinsel, Größe 000 (optional)

1 Auf den mit Persischrosa grundierten und getrockneten Stein einen Mittelpunkt im Farbton 1 setzen. Um den Mittelpunkt herum 16 kleine Punkte in Gold platzieren. Mit fünf weiteren Kreisen im Fibonacci-Muster (siehe Seite 26) fortfahren. Starte hierzu mit dem Farbton 2 und werde dann immer dunkler. Die Lücken zwischen den Punkten füllst du von außen nach innen mit kleinen Walking Dots in Gold (vgl. Seite 46).

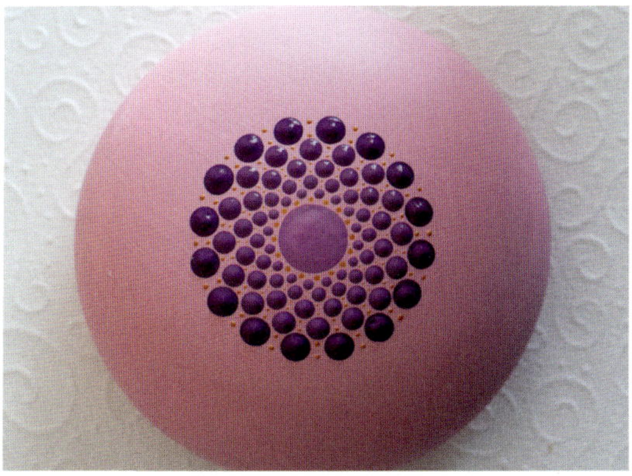

2 Im nächsten Kreis Punkte im Farbton 4 machen, die gleich groß sind wie die Punkte im Kreis davor. Um diese Punkte herum Walking Dots in Gold und danach in Neapelgelb setzen.

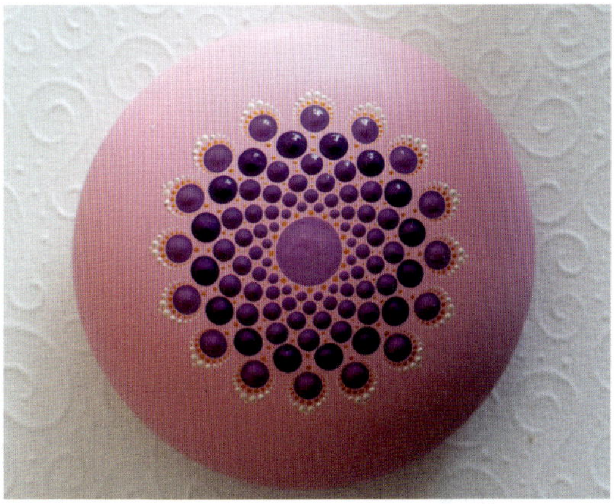

3 Die Lücken jeweils im Farbton 5 mit zwei Swipes der Variante 2 (siehe Seite 23) füllen, sodass genügend Platz für einen dritten Swipe in der Mitte bleibt. Den dritten Swipe in einem helleren Farbton hinzufügen und etwas höher ansetzen als die seitlichen zwei Swipes.

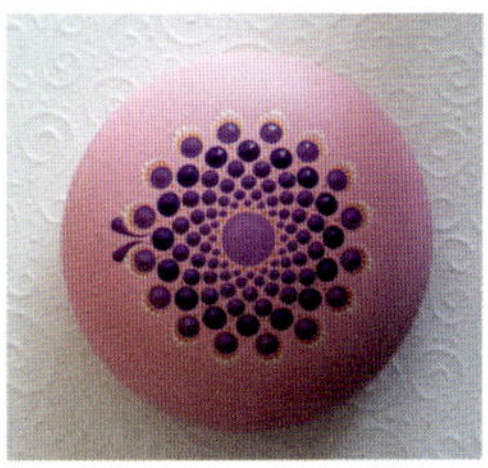

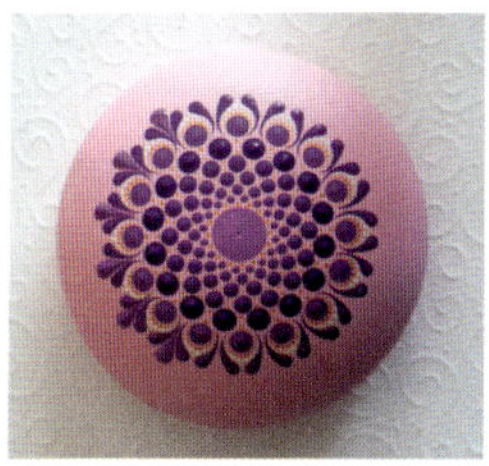

4 In die kleine Lücke zwischen den seitlichen Swipes, oberhalb der hellen Walking Dots, jeweils zwei Minipunkte in Gold setzen. Oberhalb dieser Punkte setzt du anschließend einen größeren Punkt und einen noch etwas Größeren als diesen. Oberhalb der goldenen Punkte nun einen großen Punkt im Farbton 6 platzieren.

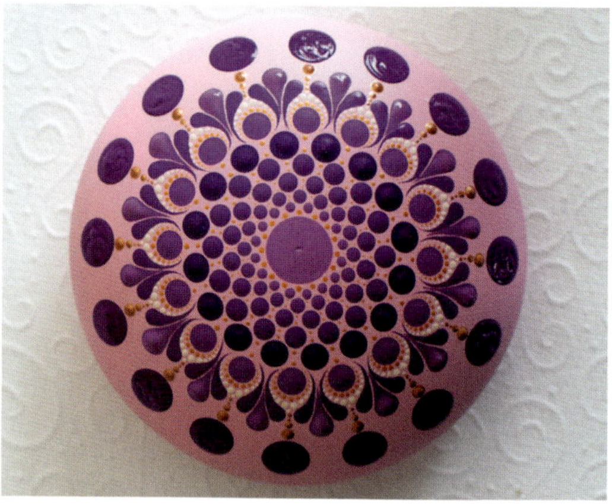

5 Mit dem Pinsel um den großen Punkt herum feine Walking Dots in Gold setzen. In die Lücke zwischen die großen Punkte jeweils drei Punkte in Neapelgelb setzen, zwei davon parallel und einen weiter außen. Platziere anschließend einen kleinen Punkt oberhalb des mittleren Swipes.

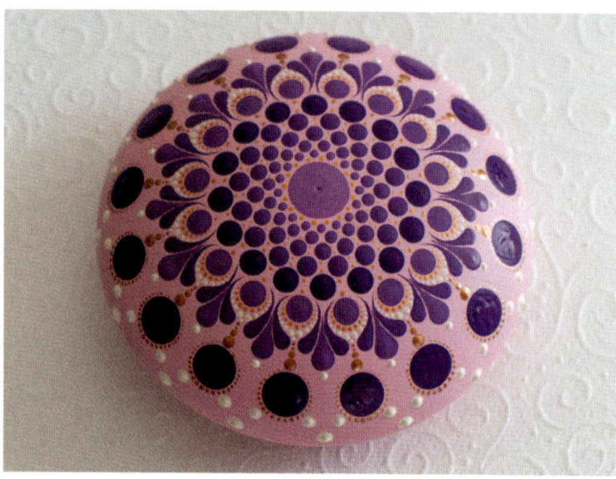

6 Von den drei hellen Punkten ausgehend kleine feine Walking Dots in Richtung des kleinen hellen Punktes setzen.

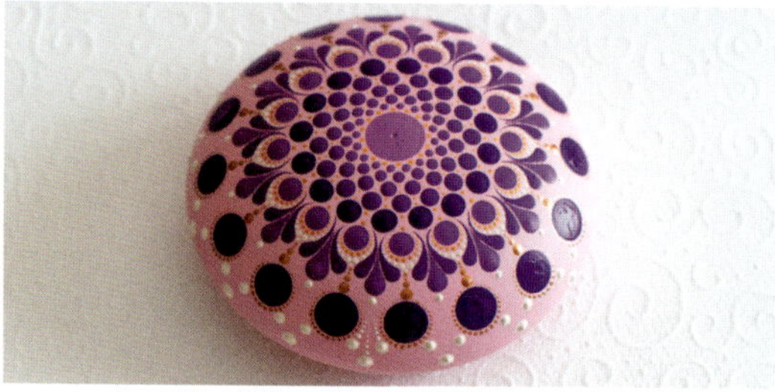

7 Wenn alles gut getrocknet ist, kannst du mit den Top Dots beginnen. Platziere diese auf die violetten Punkte in den Kreisen 2–6 jeweils zwei Farbtöne heller als die Punkte selbst. Die Top Dots sollten fast so groß wie die Punkte selbst sein, sodass nur noch ein haarbreiter Ring des ursprünglichen Punktes um den Top Dot herum sichtbar ist.

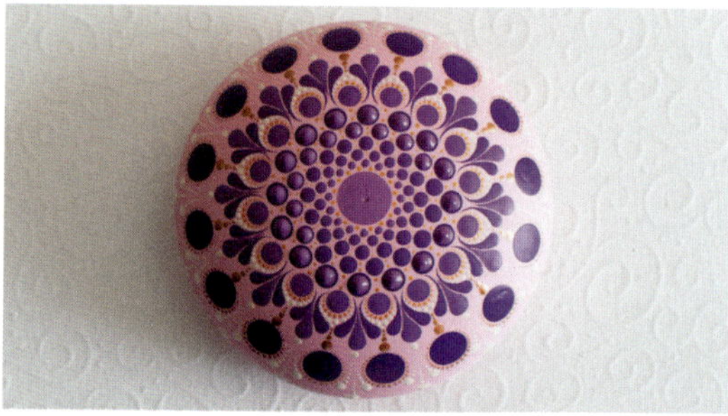

8 Für die Top Dots der restlichen Punkte im 7. Kreis und die ganz großen Punkte im äußersten Kreis verwendest du das Perischrosa mit dem du den Stein grundiert hast. Du kannst den Stein nun trocknen lassen und nach Belieben weitere Top Dots auf die Punkte setzen.

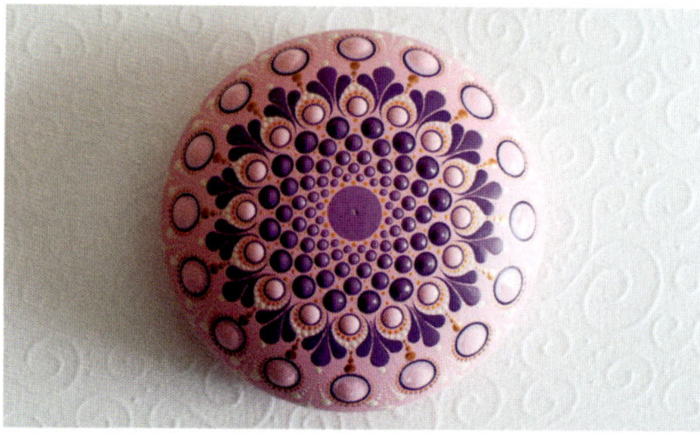

Magie der Swipes

DU BRAUCHST:

- 10 cm Malfläche
- Grundierungsfarbe in Oxidschwarz
- Metallic-Acrylfarbe in Türkis und Violett (davon je zwei Farbtöne) mithilfe von Perlmuttweiß selbst mischen
- Matt-Acylfarbe in Türkisblau, Farbverlauf mit zwei Abstufungen
- Acrylfarbe in Weiß
- Malpalette
- Zirkel
- Dotting Tools

1 Grundiere deinen Stein in Schwarz. Nun mit einer Zirkelöffnung von 2 cm einen Kreis auf die Malfläche zeichnen, den Zirkel anschließend an einer beliebigen Stelle auf diesem Kreis mit der gleichen Öffnung neu ansetzen und einen weiteren Kreis vorzeichnen. Nun kannst du den Zirkel dort ansetzen, wo sich die zwei Kreise schneiden und einen weiteren Kreis vorzeichnen. Dies wiederholst du, bis du sechs Kreise um den mittleren Kreis herum gezeichnet hast. Dieses Muster nennt sich „Die Saat des Lebens".

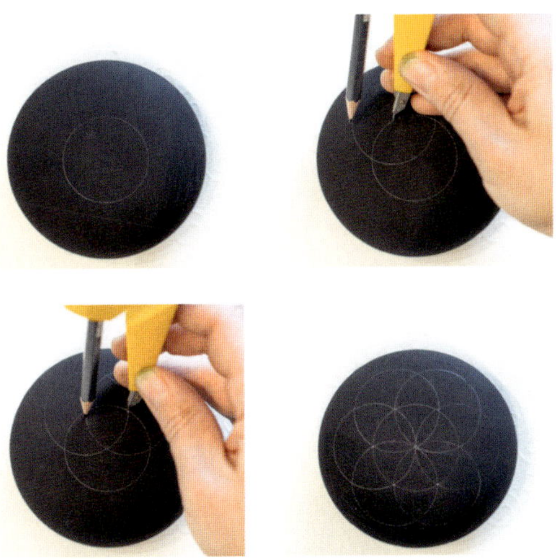

2 Setze mit weißer Farbe und einem ca. 2 mm Kugeltool dort Punkte, wo sich die Kreise schneiden und platziere anschließend mit deinem kleinsten Kugeltool Punkte entlang aller Linien.

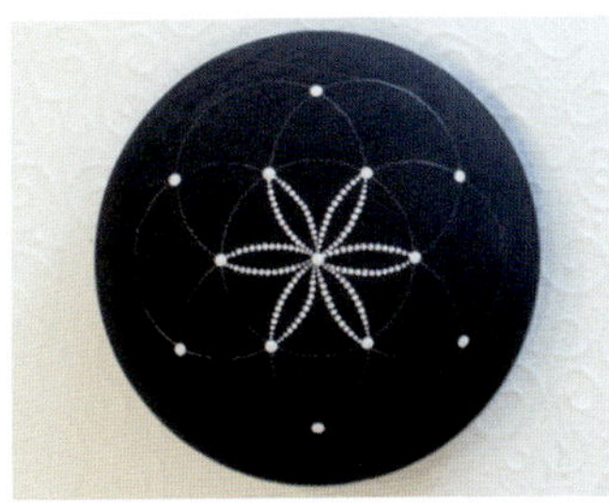

3 In die Mitte der länglichen sechs „Blütenblätter" jeweils einen Punkt in der helleren blauen Metallicfarbe setzen, mehrfach Farbe aufbringen und sie so verteilen, dass das Blatt komplett ausgemalt ist.

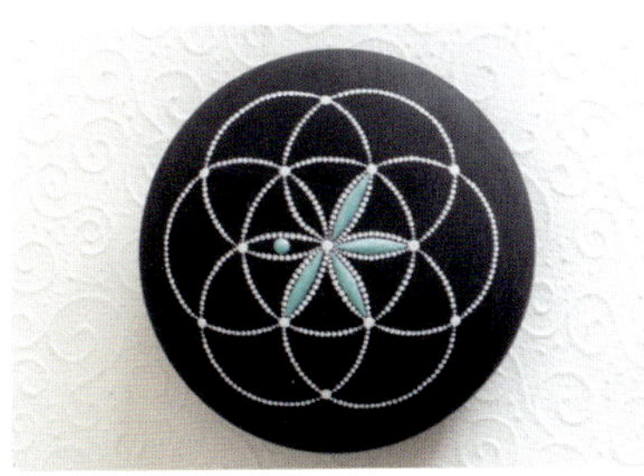

4 In die Lücke zwischen den ausgemalten Blütenblättern jeweils dicht aneinander drei Swipes der Variante 2 (siehe Seite 23) mit der blauen Mattfarbe setzen. Für den mittleren Swipe sollte ein dunklerer Farbton verwendet werden als für die anderen zwei.

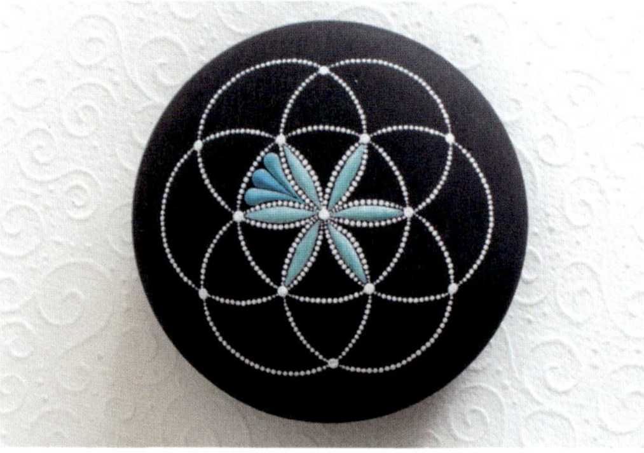

5 In die kleinere der verbliebenen zwei Größeneinheiten Swipes der Variante 2 in der lila Metallicfarbe setzen, mit einem dunkleren Farbton in der Mitte.

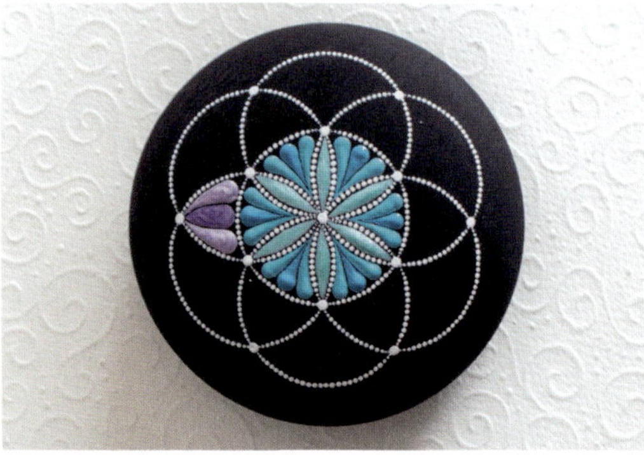

6 In die verbliebenen großen Lücken von außen nach innen Swipes der Variante 2 dicht aneinandersetzen, immer angefangen mit dem jeweils helleren Farbton der Mattfarbe außen.

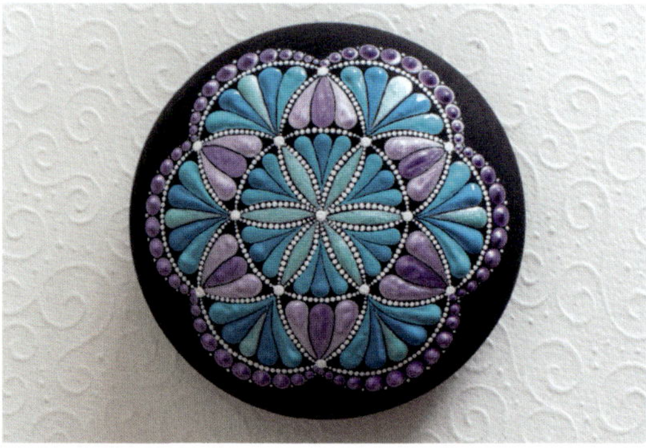

7 Nun kannst du außerhalb deiner weißen Outlines große Walking Dots zweimal übereinander setzen. Starte vom mittleren Swipe aus nach außen. Damit deine Walking Dots nicht zu schnell kleiner werden, kannst du die Farbe für die ersten paar Punkte frisch aufladen oder jeden Punkt mit einem anderen Tool machen. Werde mit jedem Punkt etwas kleiner.

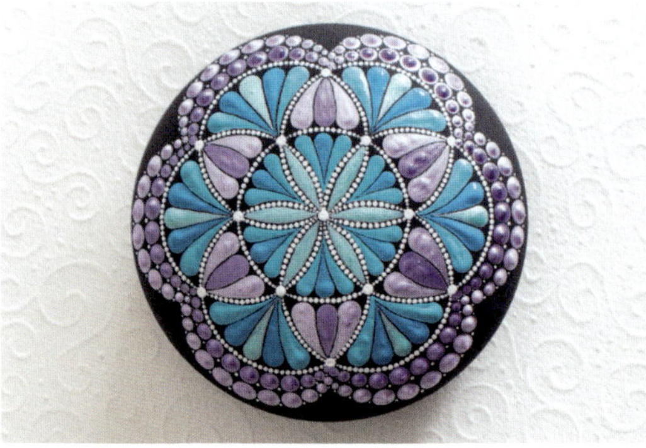

Tipp

Swipes der Variante 2 funktionieren am besten, wenn reichlich Farbe auf den Punkt aufgebracht wird und dein Tool mit dem du die Farbe ziehst, sehr klein und immer sauber ist! Halte immer ein altes Baumwolltuch auf deinem Tisch bereit und säubere dein Tool mehrmals während jedem Swipe, indem du das Tool waagerecht in das Tuch drückst und drehst.

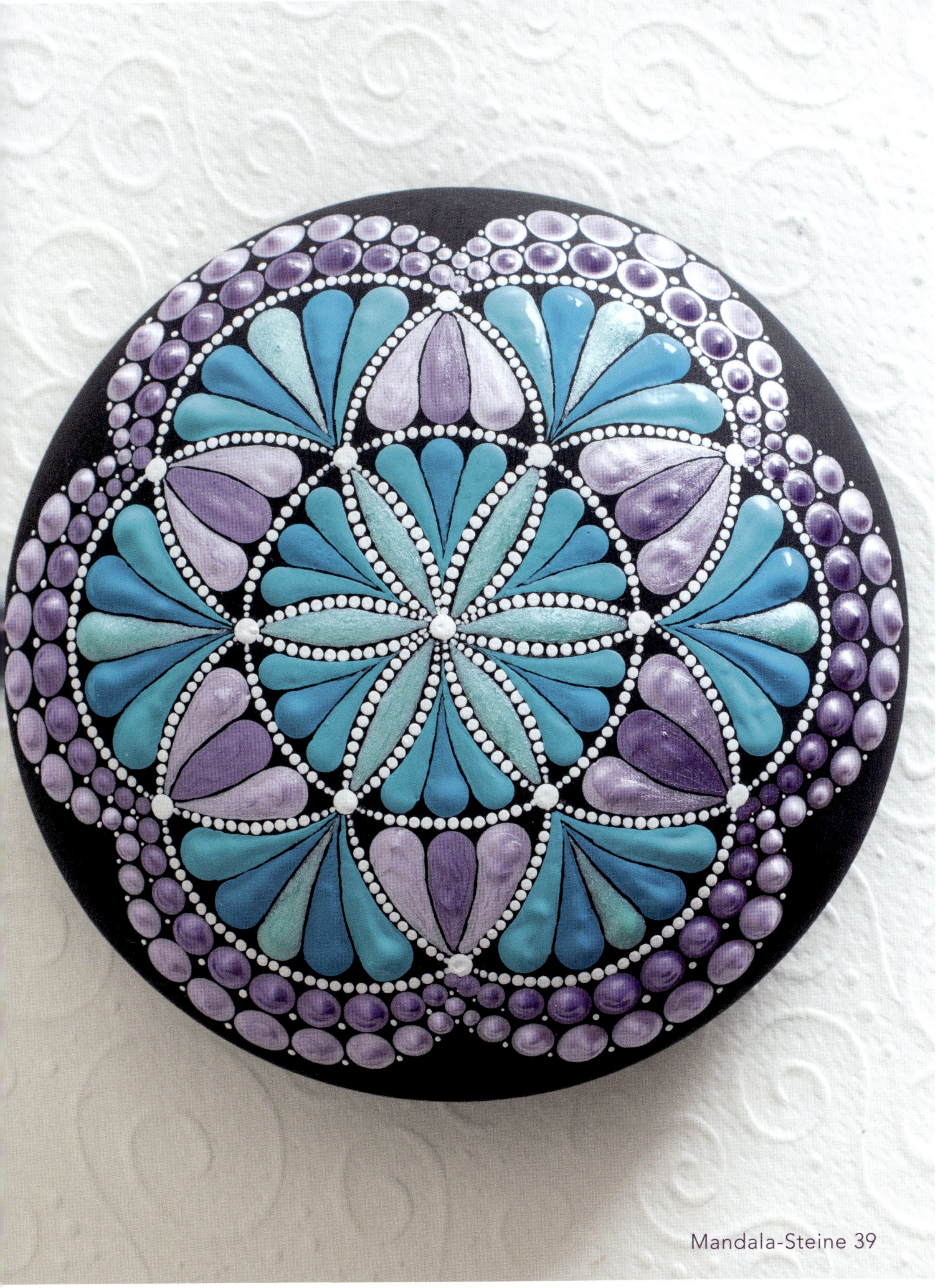

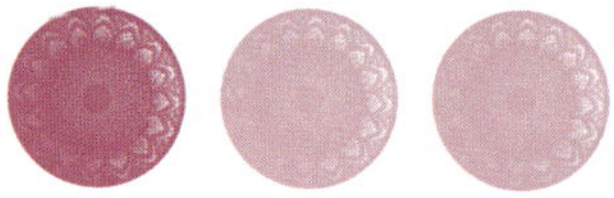

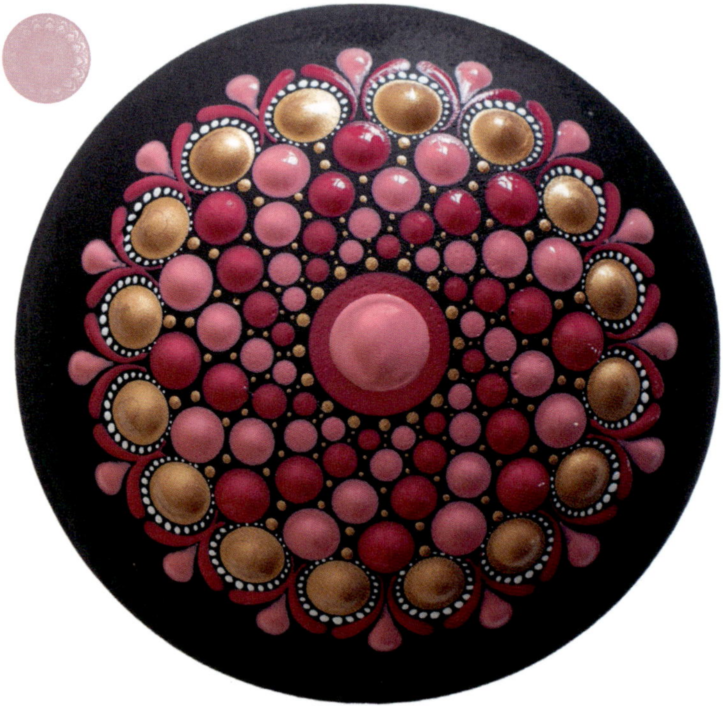

Mini-Fuchsia

DU BRAUCHST:

- ca. 6 cm Malfläche
- Grundierungsfarbe in Oxidschwarz
- Acrylfarbe in Weiß
- Acrylfarbe in Rotviolett Hell Permanent, zwei Farbtöne
- Metallic-Acrylfarbe in Bronze
- Malpalette
- Dotting Tools
- Detailpinsel, Größe 000 (optional)

1 Grundiere deinen Stein in Schwarz. Setze nun den Mittelpunkt mit deinem dunkleren pinken Farbton, sodass 16 Punkte um ihn herum Platz haben. In den ersten Kreis werden 16 kleine Metallic-Punkte mit größeren Lücken zwischen den einzelnen Punkten gesetzt. In den zweiten Kreis kannst du nun in jede zweite Lücke acht Punkte mit dem dunkleren pinken Farbton platzieren.

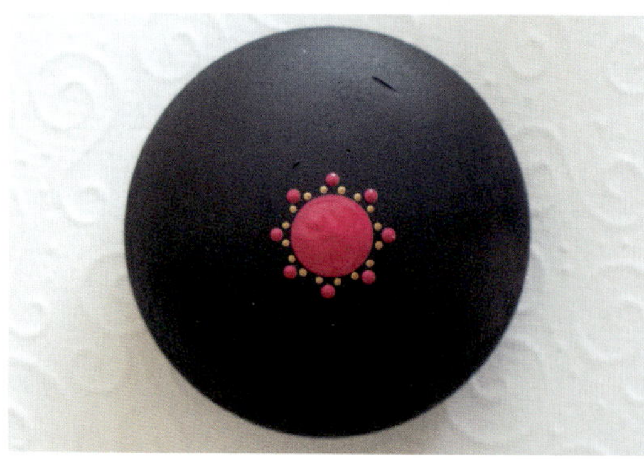

2 In die verbliebenen Lücken setzt du acht Punkte mit dem helleren pinken Farbton. Der Kreis ist nun abgeschlossen. Verwende für den dritten Kreis weiterhin den helleren Farbton und setze in jede zweite Lücke Punkte.

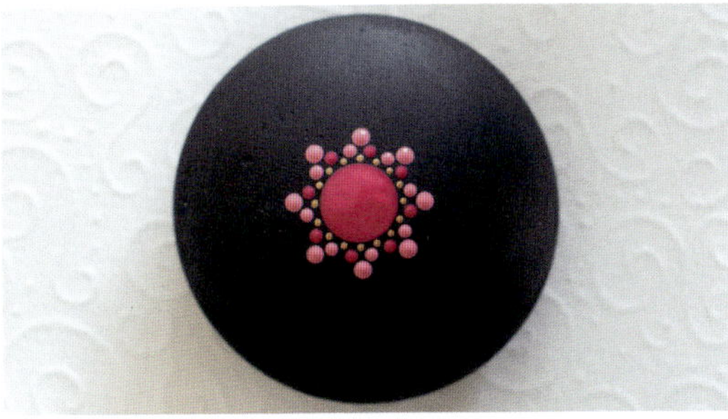

3 Wechsle zum dunkleren pinken Farbton und fülle die restlichen acht Lücken aus. Nun kannst du mit dem nächsten Kreis fortfahren und den Vorgang wiederholen, bis du fünf Kreise um den Mittelpunkt herum fertiggestellt hast.

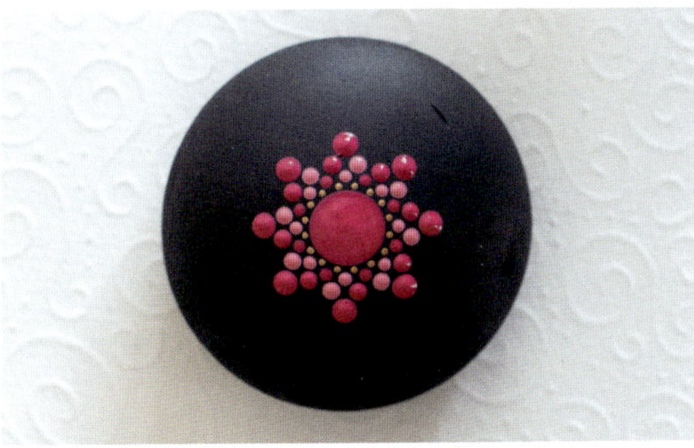

4 Setze in den sechsten Kreis 16 größere Punkte in Bronze.

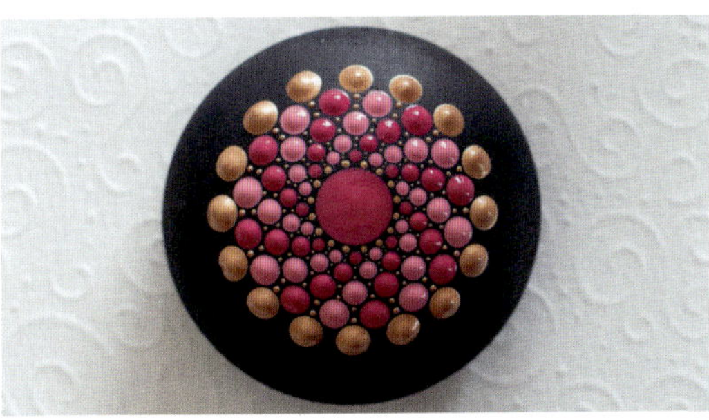

5 Nun um die Punkte in Bronze feine weiße Walking Dots setzen. Verwende dazu am besten einen feinen Pinsel. Über die Walking Dots werden anschließend dünne Swipes der Variante 1 (siehe Seite 23) mit dem dunkleren pinken Farbton gemalt.

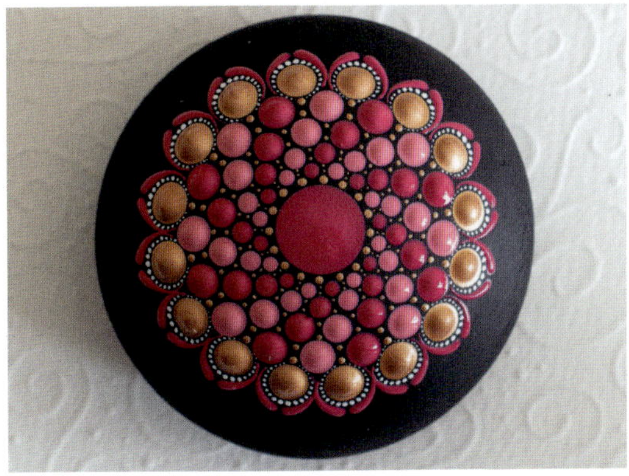

6 Zum Schluss setzt du noch den größeren Swipe der Variante 2 zwischen die zwei kleinen Swipes und platzierst einen helleren pinken Punkt auf den dunklen Mittelpunkt. Fertig ist deine kleine Fuchsia!

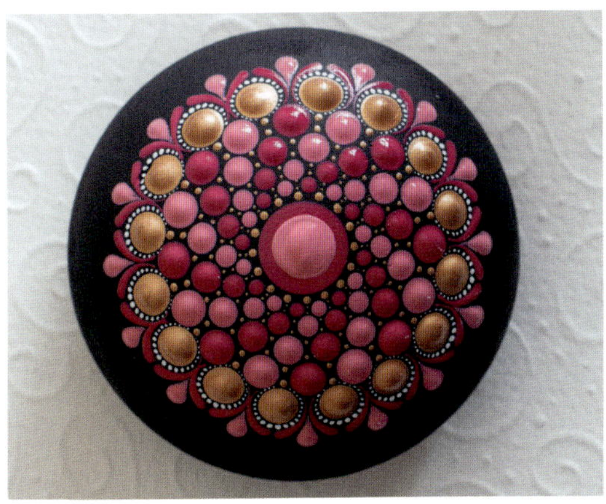

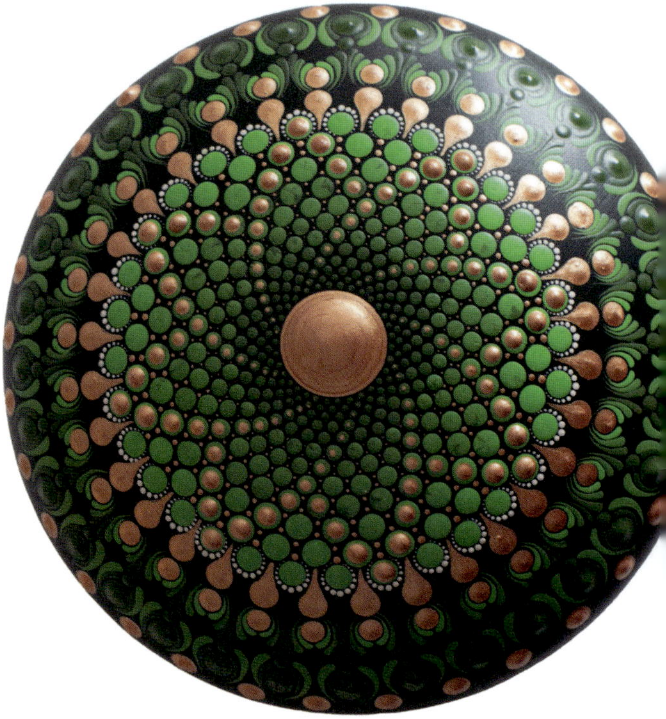

Tipp

Achte darauf, dass deine Top Dots groß genug sind, damit die Blüte in der Mitte des Mandalas gut zur Geltung kommt. Setze die Punkte also so groß wie möglich, nur ein Haarbreiter grüner Rand um die Top Dots herum sollte sichtbar sein.

Windrad

DU BRAUCHST:

- ca. 12 cm Malfläche
- Grundierungsfarbe in Oxidschwarz
- Acrylfarbe in Brillantgrün, Olivgrün (dunkel) und Titanweiß
- Metallic-Acrylfarbe in Bronze
- Malpalette
- Dotting Tools

1 Grundiere deinen Stein in Schwarz. Mische nun mit den zwei Grüntönen einen Farbverlauf mit sechs Abstufungen. Das Olivgrün kannst du ungemischt als Grundierung des Steins verwenden. Male anschließend mit deinem größten Stäbchen-Tool einen Mittelpunkt, um den 32 kleine Punkte herum Platz haben. Nun setzt du die 32 Punkte mit deinem kleinsten Kugeltool, dem dunkelsten Farbton und einer ganz kleinen Farbladung um den Mittelpunkt herum. Fahre so fort und mache 12 bis 13 Kreise einer Fibonacci-Spirale (siehe Seite 26) bis du etwa im letzten Drittel des Steins angekommen bist. Die Punkte des letzten Kreises versiehst du nun mit weißen Walking Dots.

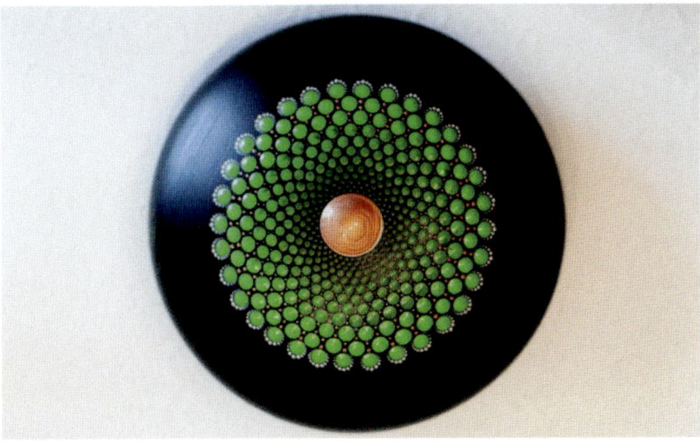

4 Nun ziehst du Swipes um den größeren der beiden Punkte herum. Beginne hierzu am kleinen Punkt und führe die Swipes um den gesamten größeren Punkt herum. Verwende zunächst einen dunkleren grünen Farbton und werde nach außen heller.

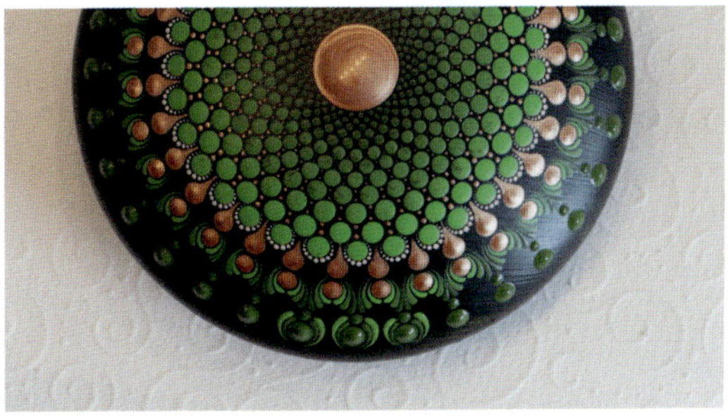

2 Setze nun Swipes der Variante 2 (siehe Seite 23) in Bronze zwischen die Punkte des letzten Kreises. Sie sollten genauso breit sein wie die Punkte des letzten Kreises. Auf die Swipes setzt du anschließend Punkte in der gleichen Größe und Farbe. Mache nun Swipes der Variante 1 um die Bronze-Punkte herum. Beginne dazu mit dem hellsten Grünton und werde nach außen dunkler, bis die Lücke gefüllt ist.

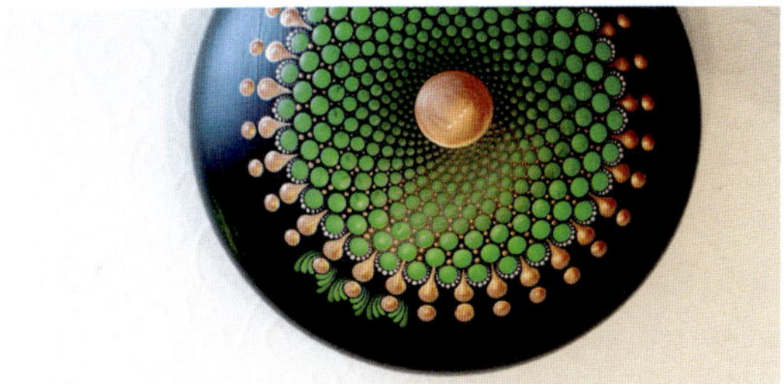

5 An der Stelle, an der sich die Swipes treffen, setzt du nun größere Punkte in Bronze. Wenn alles gut getrocknet ist bringst du die Top Dots in Bronze auf. Diese setzt du zuerst auf jeden vierten Punkt, der mit weißen Walking Dots umrandet ist. Von diesen Punkten ausgehend setzt du nun weitere Walking Dots schräg nach innen immer auf einer Seite. Abschließend verbindest du die Blütenblätter, indem du auch auf die andere Seite Walking Dots setzt. Male diese nicht ganz bis zur Mitte, sondern nur bis zum nächsten Blütenblatt.

3 Setze einen dunkelgrünen kleinen Punkt oberhalb der Stelle, an der sich die Swipes treffen. Oberhalb dieser Punkte wird anschließend je ein grüner Punkt in der gleichen Größe wie die Bronze-Punkte gesetzt.

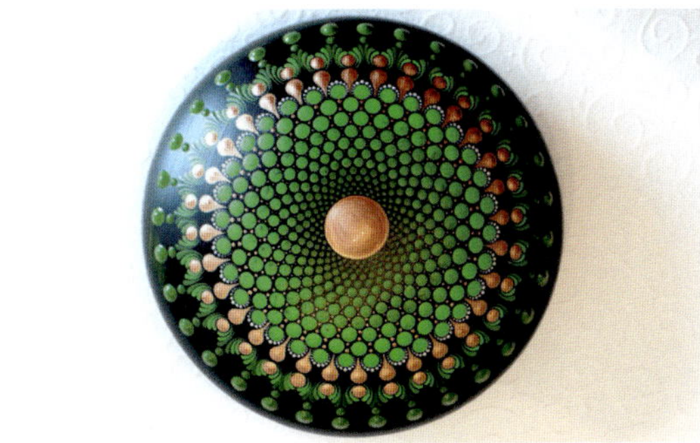

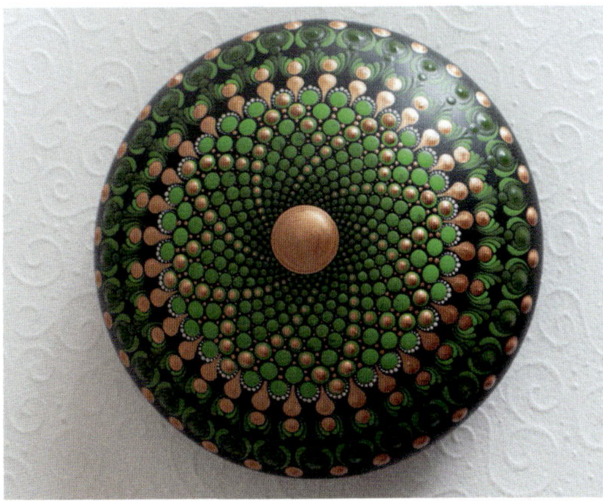

Spirale

DU BRAUCHST:

- ca. 10 cm Malfläche
- Acrylfarbe in Braun, drei Farbtöne
- Metallicfarbe in Bronze
- Grundierfarbe in Oxidschwarz
- Malpalette
- Zirkel
- Dotting Tools

1 Grundiere deinen Stein in Schwarz. Zeichne dir nun mit dem Zirkel drei Kreise vor. Der erste mit einem Radius (Öffnung des Zirkels) von ca. 0,5 cm, der zweite 2,0 cm und der dritte 4,5 cm.

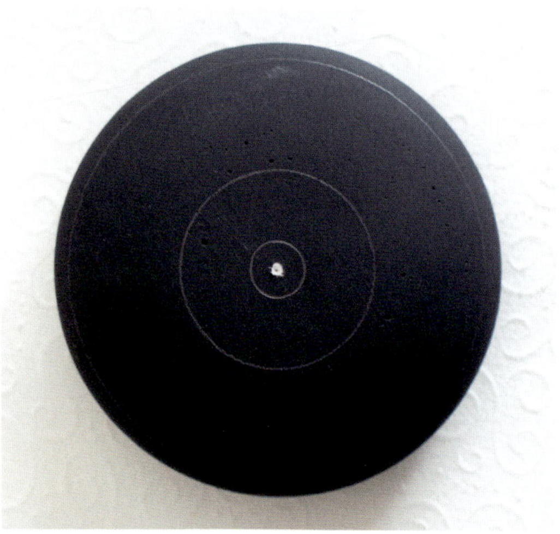

2 Öffne deinen Zirkel erneut auf 2 cm und setze ihn auf die Linie des mittleren Kreises an einer beliebigen Stelle an. Setze eine kleine Markierung auf der Linie. Jetzt setzt du den Zirkel auf diese Markierung und fügst eine weitere Markierung hinzu. Wiederhole dies im Kreis, bis du sechs Markierungen hast.

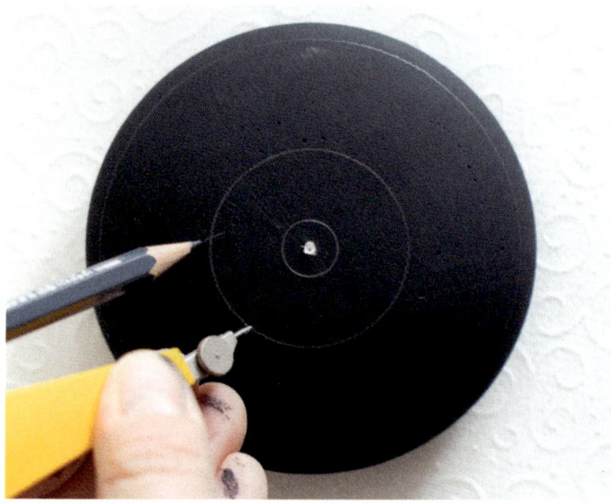

3 Setze den Zirkel nun auf eine der Markierungen an und öffne ihn so, dass die Öffnung dem Durchmesser des mittleren Kreises entspricht. Mache damit einen Bogen nach außen bis zum äußeren Kreis. Wiederhole dies für alle sechs Markierungen. Anschließend kannst du mit einem kleinen Kugeltool und schwarzer Grundierfarbe die durch den Zirkel entstandenen Löcher füllen.

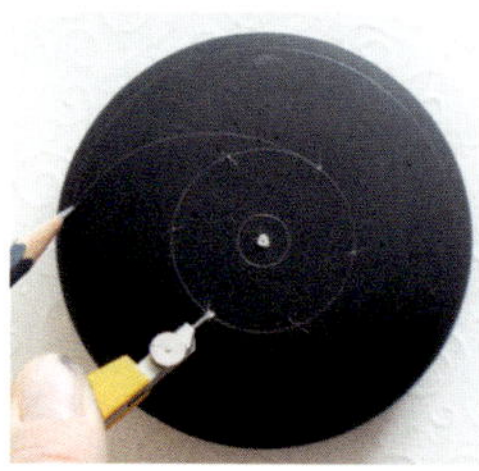

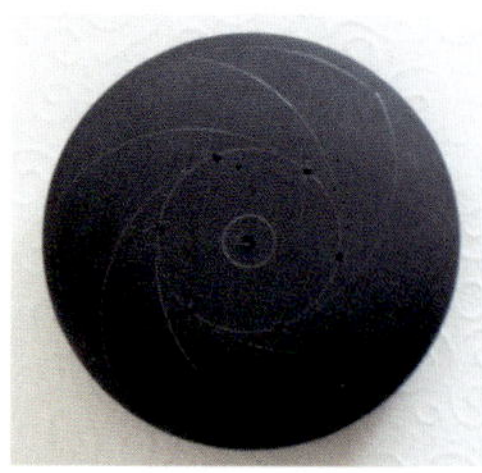

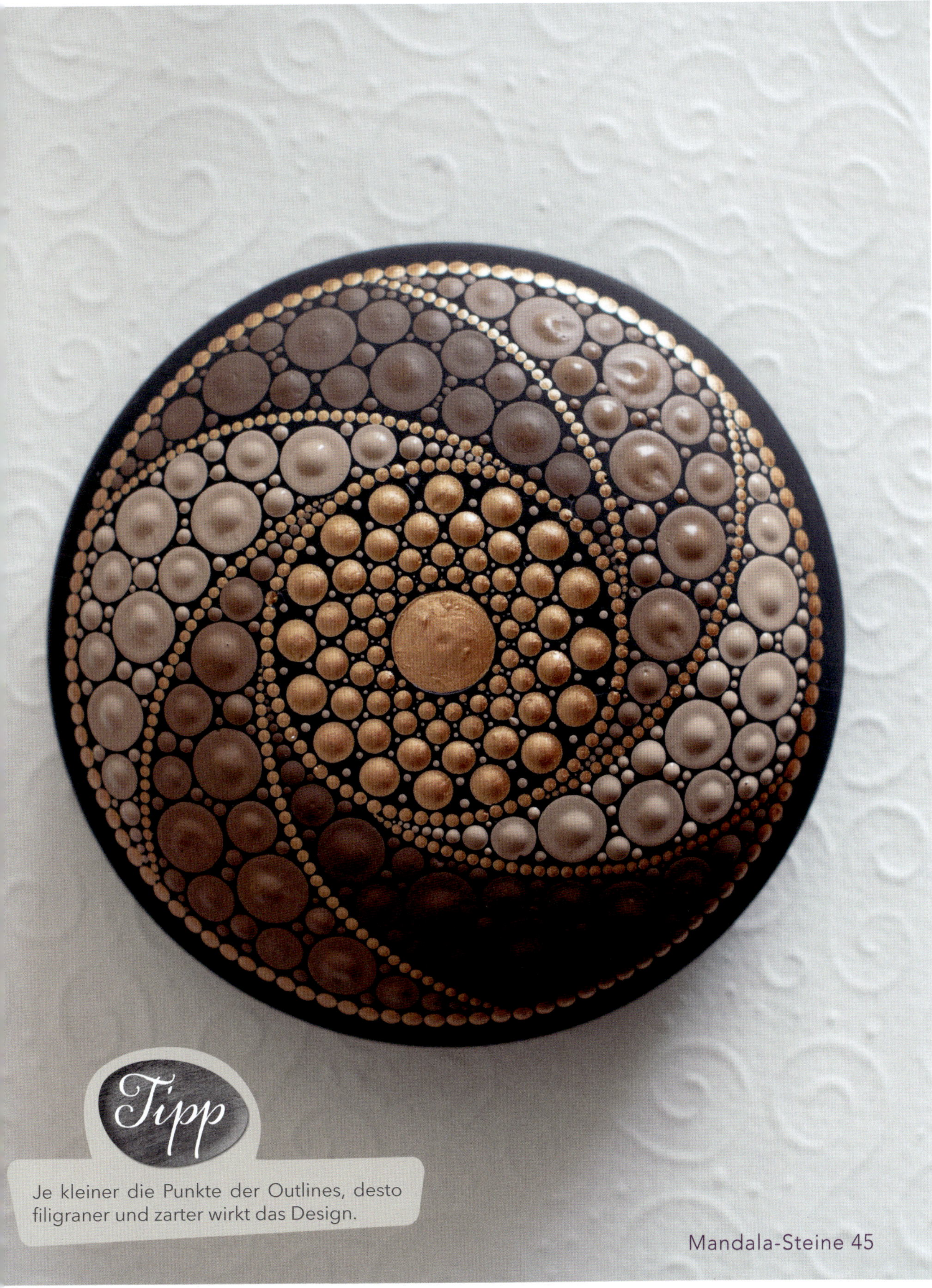

Tipp

Je kleiner die Punkte der Outlines, desto filigraner und zarter wirkt das Design.

4 Mache mit deiner Metallicfarbe einen Punkt in die Mitte des kleinsten Kreises, der kleiner ist als der Kreis selbst und füge mehrfach Farbe hinzu. Verteile die Farbe anschließend mit deinem kleinsten Kugeltool bis der Kreis ausgemalt ist.

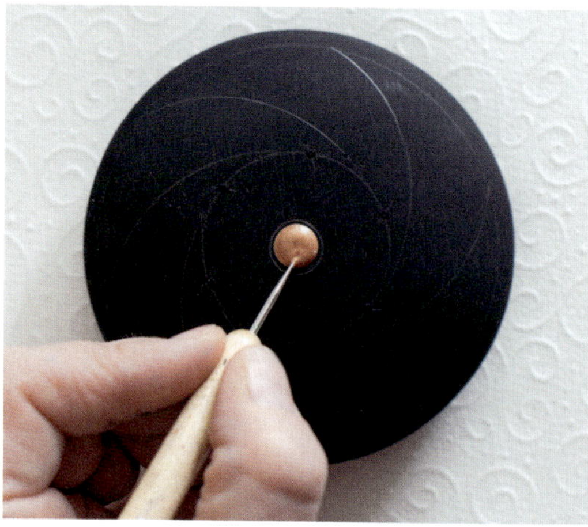

5 Setze mit einem kleinen Kugeltool Punkte entlang der vorgezeichneten Linien. Achte dabei darauf, dass jeder Punkt gleich groß ist und die Abstände dazwischen nur haarbreit sind.

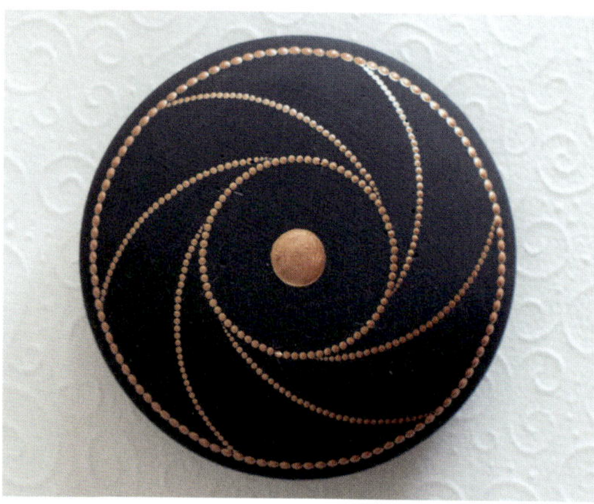

6 Setze in den mittleren Kreis eine kleine Fibonacci-Spirale (siehe Seite 26) und platziere kleine Walking Dots von außen nach innen mit deinem kleinsten Kugeltool zwischen die Punkte deiner Spirale.

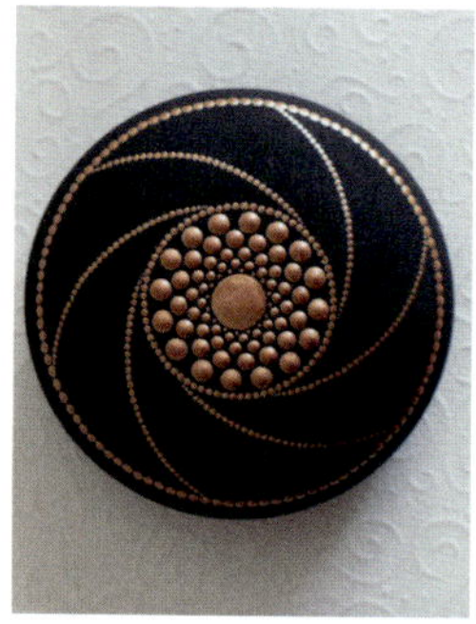

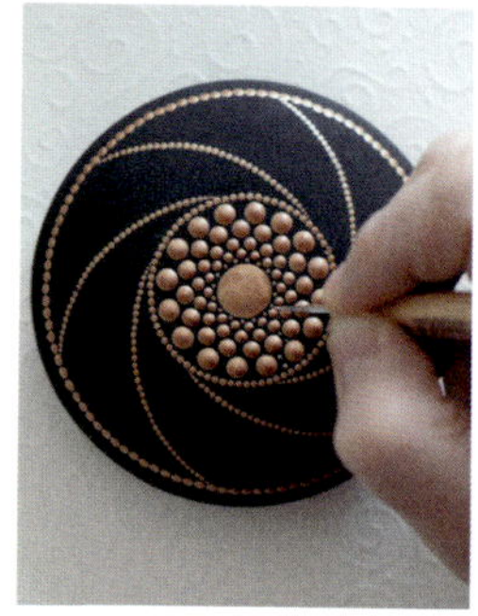

7 Jetzt werden jeweils zwei gegenüberliegende Felder mit der gleichen Farbe gefüllt. Fange mit großen Punkten an und setze dann kleinere Punkte in die Zwischenräume, bis das Feld komplett gefüllt ist.

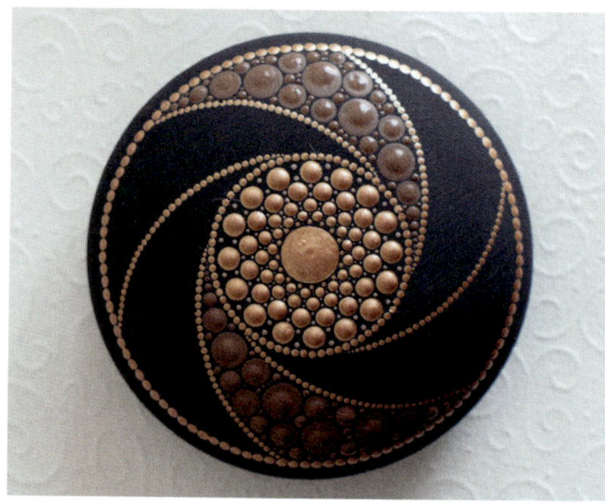

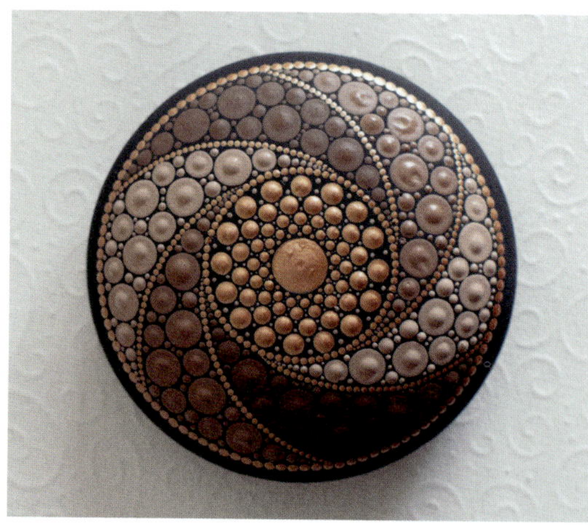

3D-Punkte

DU BRAUCHST:

- ca. 10 cm Malfläche
- Grundierungsfarbe gemischt aus Rotviolett Permanent und etwas Perlmuttweiß
- Acrylfarbe in Rotviolett Hell Permanent (in sechs Farbabstufungen)
- Acrylfarbe in Titanweiß
- Heavy Gel und Pouring Medium
- Malpalette
- Detailpinsel
- Dotting Tools

1 Grundiere deinen Stein in einem pinken Farbton. Mische dazu die Metallicfarbe mit Heavy Gel und Pouring Medium im Verhältnis ca. 1:1:0,5 und füge wenige Tropfen Wasser hinzu. Verrühre die Mischung sehr gut und langsam.

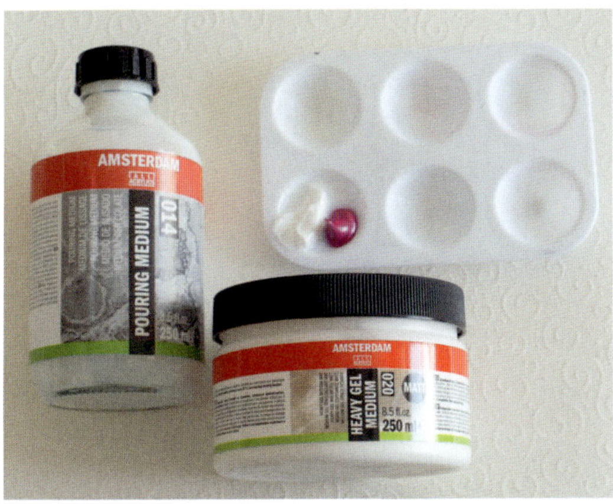

2 Setze mit der angemischten Farbe einen Mittelpunkt und lade mehrmals sehr viel Farbe darauf. Du wirst sehen, dass der Punkt jetzt viel Farbe halten kann, da die Farbmischung vom Gel zusammengehalten wird. Wenn sich ein kleiner Spitz auf dem Mittelpunkt bildet, verteile die Farbe vorsichtig und gleichmäßig mit einem kleinen Kugeltool auf dem Punkt.

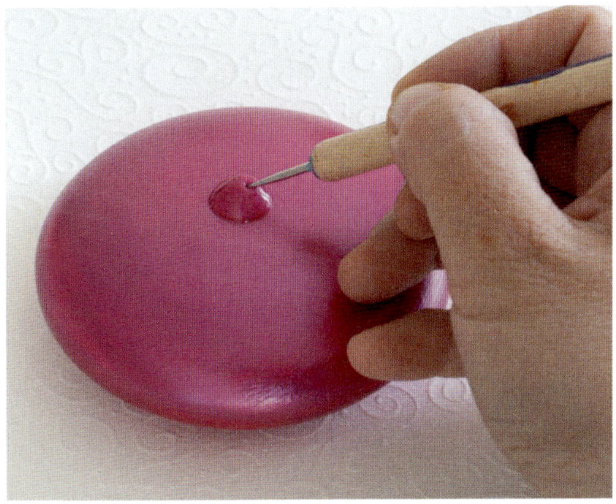

3 Setze nun 16 kleine weiße Punkte in den ersten Kreis und fahre im zweiten Kreis mit größeren Punkten auf „Fibonacci"-Art (siehe Seite 26) fort. Setze im dritten Kreis nochmals weiße Mini-Punkte.

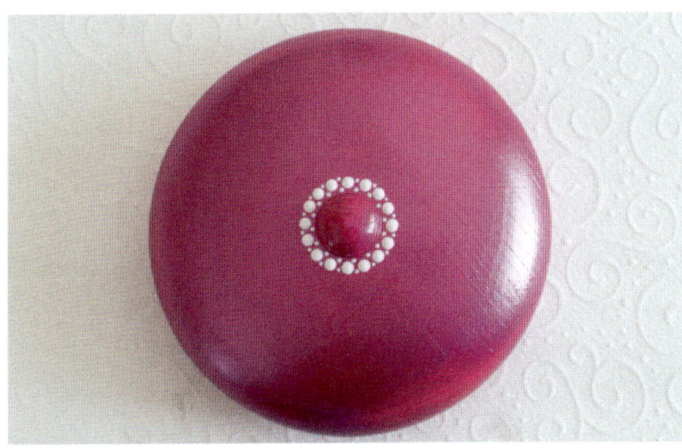

4 In jede zweite Lücke werden nun etwas größere weiße Punkte gesetzt und diese mit Walking Dots ausgeschmückt.

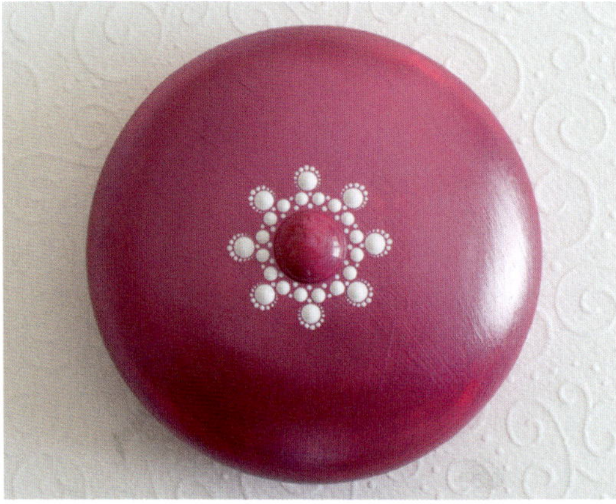

5 In die verbliebenen Lücken kleinere Punkte im hellsten Farbton des pinken Farbverlaufes setzen. Oberhalb des kleinen Punktes folgt ein größerer, danach zwei ganz kleine und dann noch ein großer Punkt.

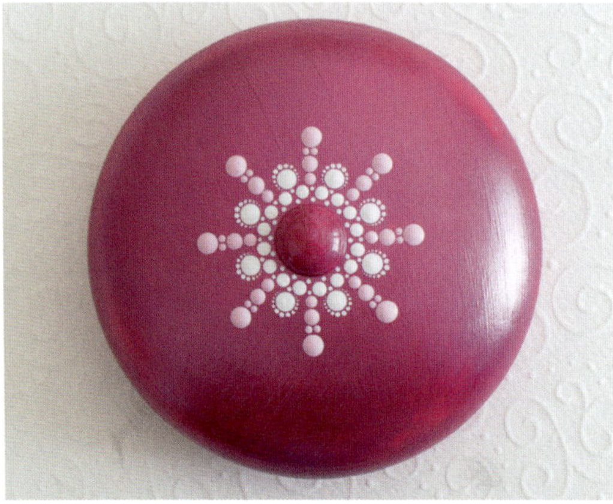

6 Den großen hellen Punkt mit hellen Swipes schmücken, danach werden die Swipes immer dunkler und immer weiter auseinander angesetzt. Wenn die Swipes zweier Punkte sich fast treffen, wird abschließend noch ein Punkt im dunkelsten Farbton platziert.

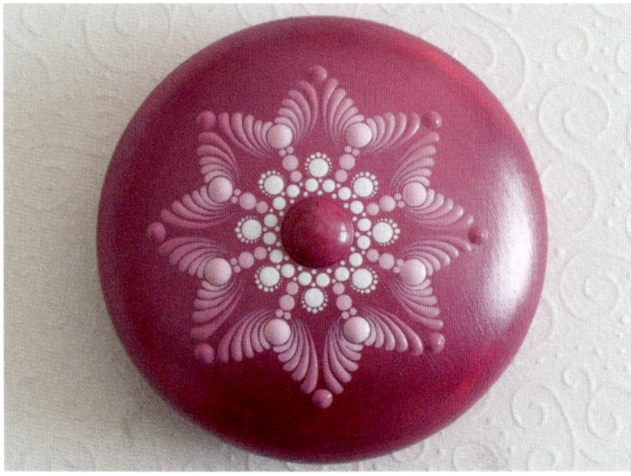

7 Über den dunklen Punkt drei kleine Punkte im selben Farbton setzen und dies anschließend nochmals mit weißer Farbe wiederholen.

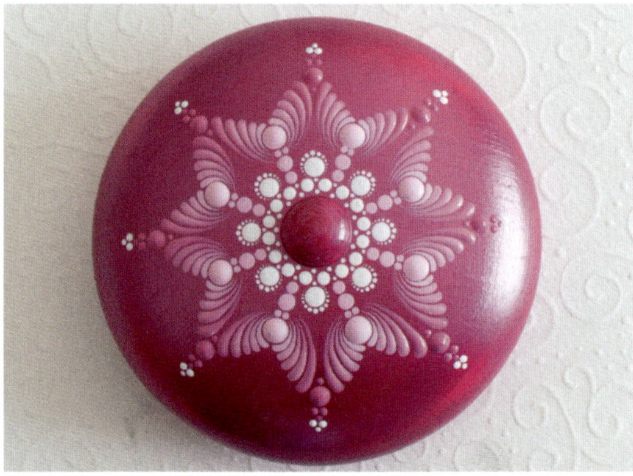

8 Mit einem Detailpinsel lange Walking Dots machen und so die Blütenblätter formen.

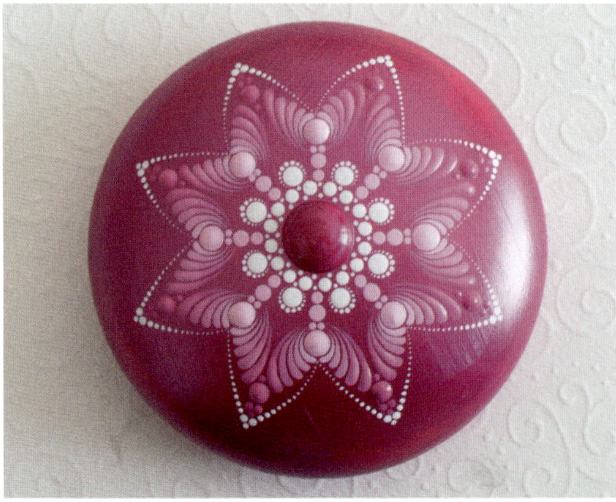

9 In die Lücken zwischen den Blütenblättern wird ein Element aus fünf immer größer werdenden Punkten in der Anordnung 1-1-2-1 gesetzt.

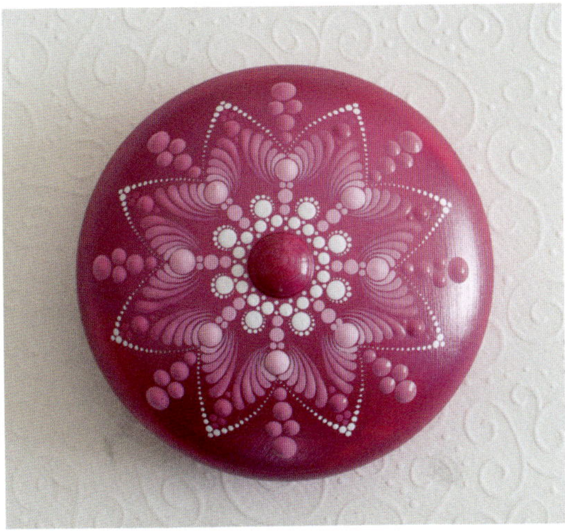

10 Wenn alle Elemente gut getrocknet sind, kannst du nach Lust und Laune Top Dots setzen und mit reichlich Farbe beladen. Lasse alles sehr gut trocknen, je nach Punktedicke dauert dies manchmal mehrere Tage.

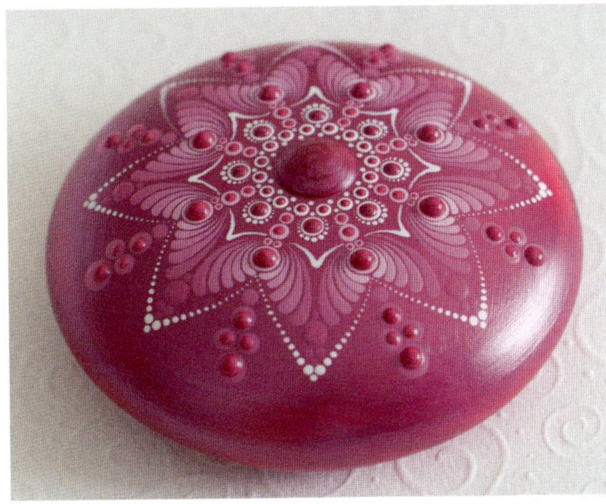

Tipp

Wenn du keinen Detailpinsel zur Hand hast, kannst du auch einen spitzen Holzspieß verwenden. Die Anschaffung eines Detailpinsels möchte ich dir dennoch ans Herz legen, denn dieser bietet dir sehr viele schöne und neue Möglichkeiten im Dot Painting. Ich kenne kein anderes Tool, welches in der Lage ist so schöne und filigrane Walking Dots zu zaubern!

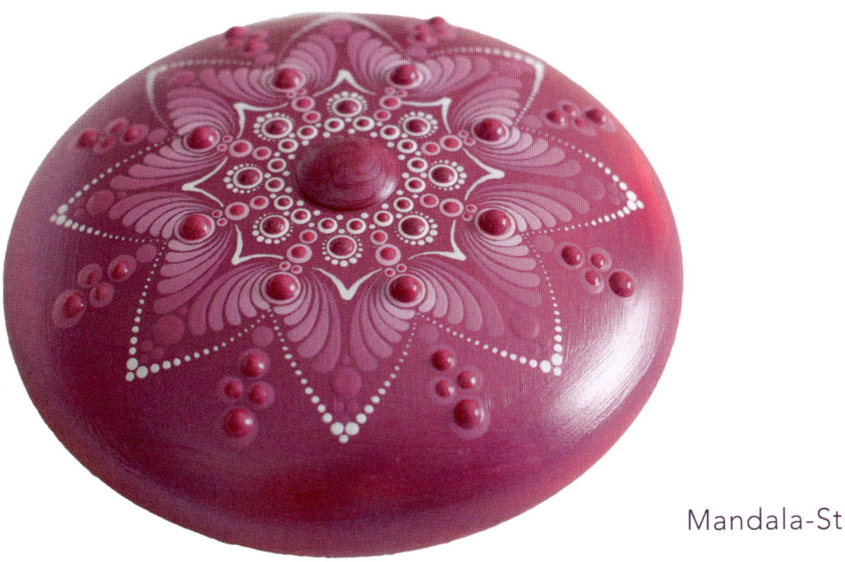

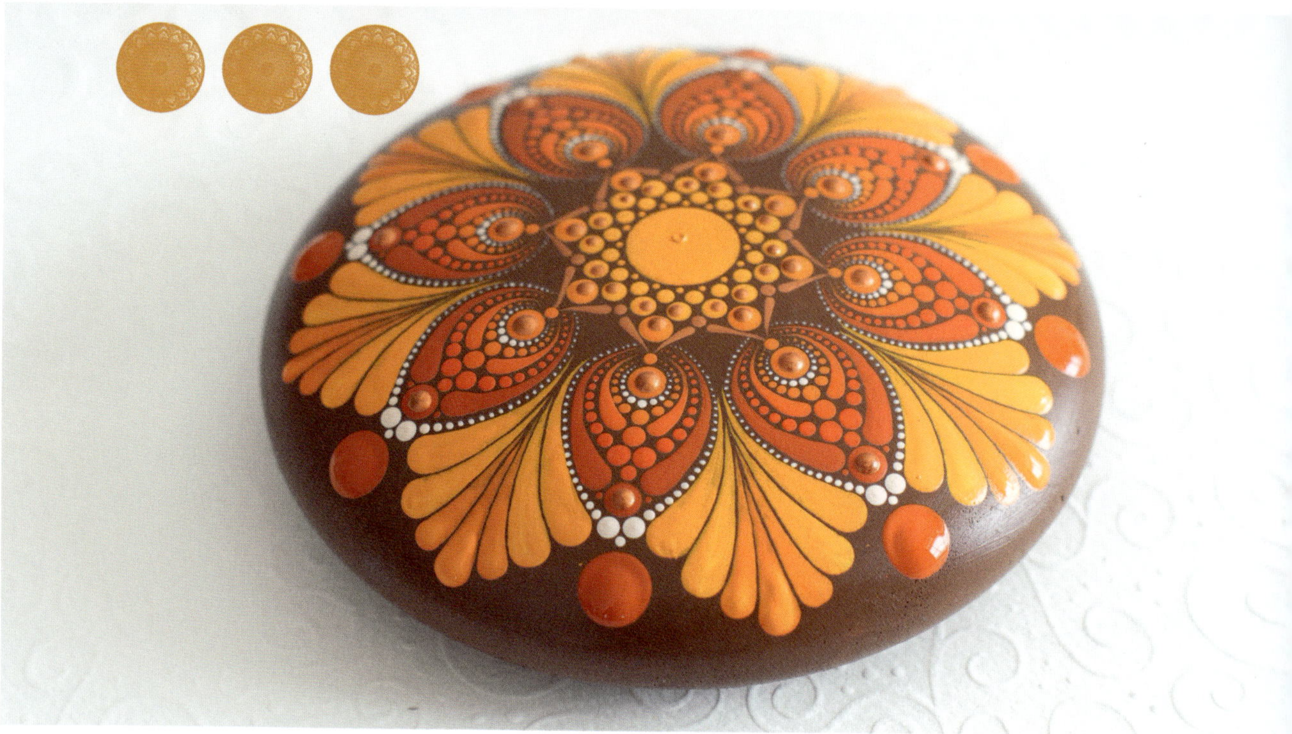

Fächer

DU BRAUCHST:

- ca. 11,5 cm Malfläche, sehr glatt
- Acrylfarbe in Kadmiumorange und Kadmiumrot mittel mit Farbverlauf in sechs Farbtönen
- Metallic-Acrylfarbe in Bronze
- Acrylfarbe in Titanweiß
- Malpalette
- Dotting Tools

1 Grundiere deinen Stein in Braun. Setze anschließend den Mittelpunkt und 16 kleine Punkte im ersten Kreis in einem hellen orangenen Farbton. Fahre so zwei weitere Kreise fort und setze im vierten Kreis größere Punkte in jede zweite Lücke.

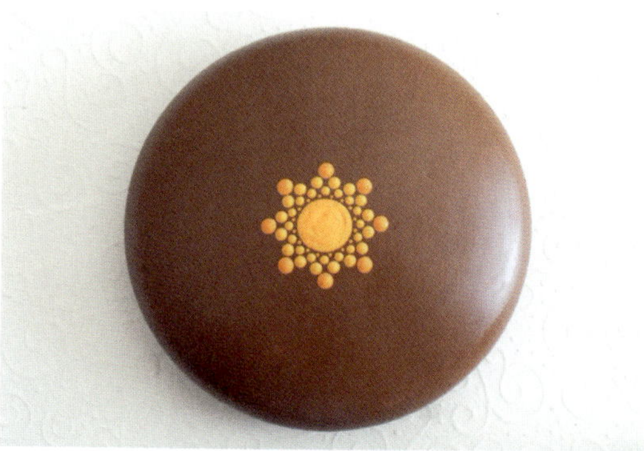

2 In die verbliebenen acht Lücken kleine Metallicpunkte setzen und Swipes der Variante 1 (siehe Seite 23) von diesen Punkten ausgehend malen. Dort, wo sich die Swipes treffen, einen kleinen Punkt setzen und darüber wieder einen größeren, den du dann in zwei Reihen mit Walking Dots (je in Weiß und Orange) und anschließend mit orangenen Swipes ausschmücken kannst. Für diesen Teil werden die helleren Farben verwendet.

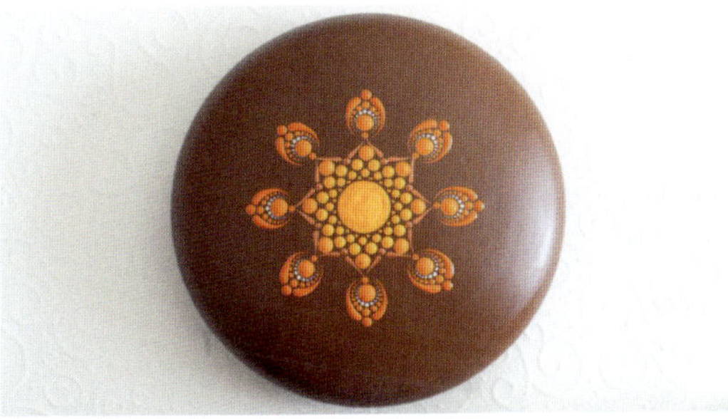

3 Walking Dots und Swipes in den dunkleren Tönen abwechseln, bis die Lücke zwischen den Elementen an ihrer engsten Stelle ca. 2–3 mm breit ist.

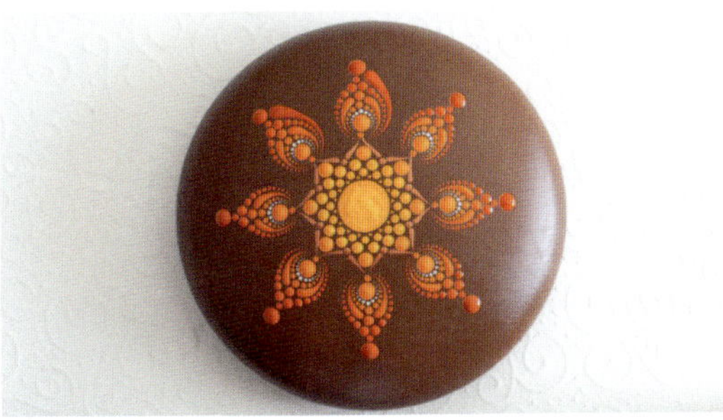

4 Setze abschließend mit dem Pinsel feine helle Walking Dots.

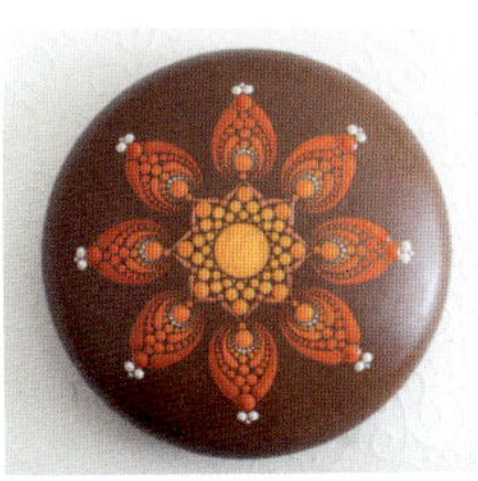

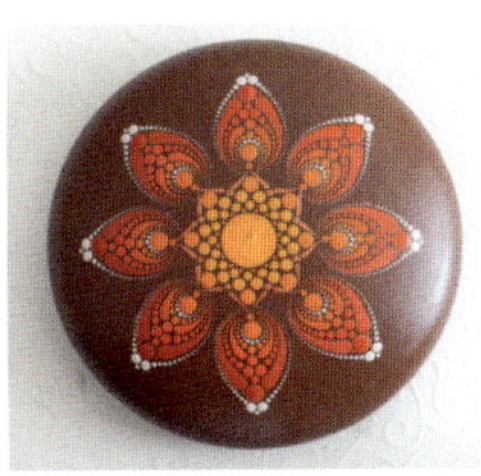

5 Den ersten Fächer mit Swipes der Variante 2 machen. Am einfachsten geht es, wenn du zuerst die zwei äußeren Swipes machst und dich so von außen ins Innere des Fächers bewegst. Zum Schluss machst du den mittleren Swipe, der im Zentrum des Fächers liegt.

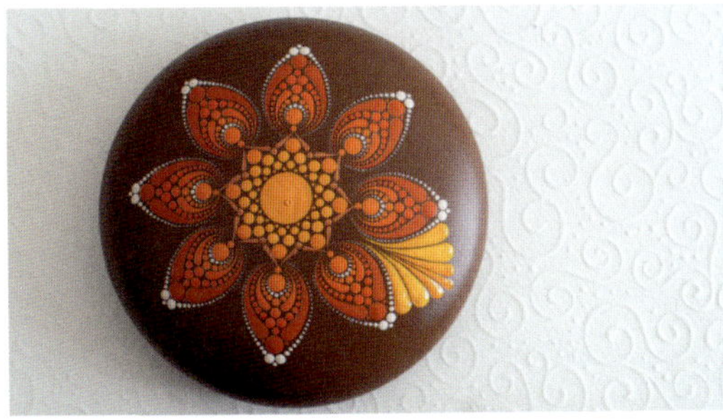

6 Setze abschließend jeweils einen großen dunklen Punkt zwischen die Fächer und kleine Highlights mit Top Dots in Metallicfarbe. Fertig ist dein fröhliches Mandala!

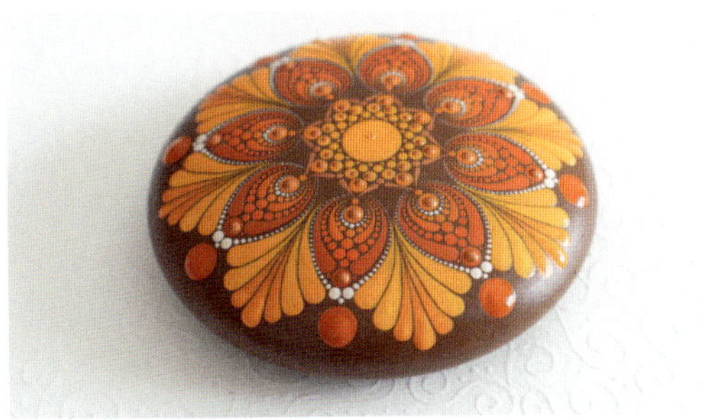

Tipp

Mache immer erst alle Swipes in einem Farbton, beginne also zunächst mit denen, die direkt an den Walking Dots liegen und arbeite Farbton für Farbton weiter. Auf diese Weise hast du mehr Kontrolle darüber, dass alle Swipes gleichmäßig und symmetrisch werden und du sparst Zeit.

Sommergefühle

DU BRAUCHST:

- ca. 10 cm Malfläche
- Grundierungsfarbe in Oxidschwarz
- Acrylfarbe in Türkisgrün und Kadiumorange, je zwei Farbverläufe
- Acrylfarbe in Titanweiß
- Malpalette
- Dotting Tools

1 Grundiere deinen Stein schwarz. Setze anschließend einen kleinen Mittelpunkt mit sechs gleich großen Punkten drumherum in Türkis. In die Lücken im zweiten Kreis nochmals sechs Punkte in der gleichen Größe malen und mit Walking Dots umranden. Platziere anschließend in die verbliebenen Lücken kleine Punkte in Orange.

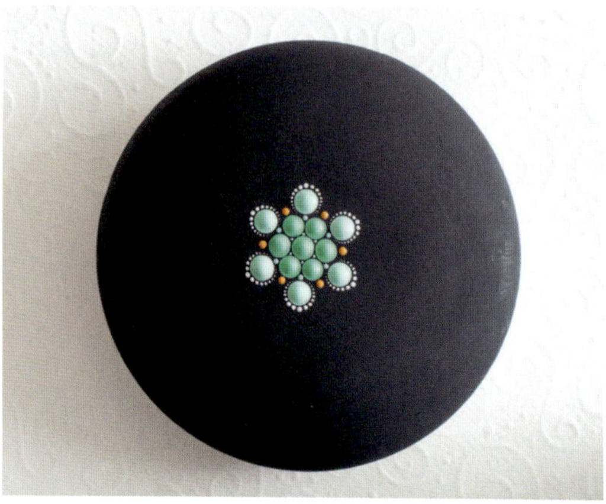

2 Mit dem hellsten Orangeton die ersten Swipes Variante 2 (siehe Seite 23) von beiden Seiten an den Walking Dots entlang malen.

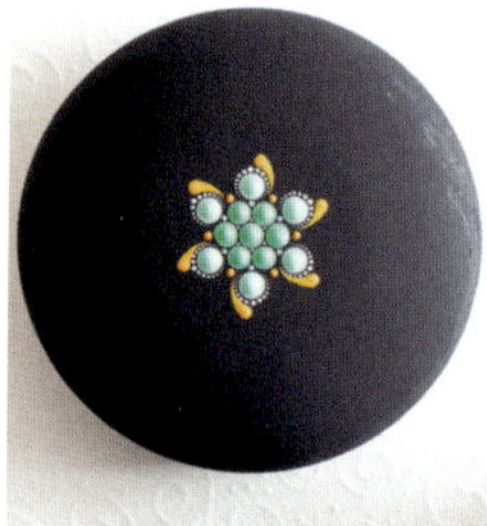

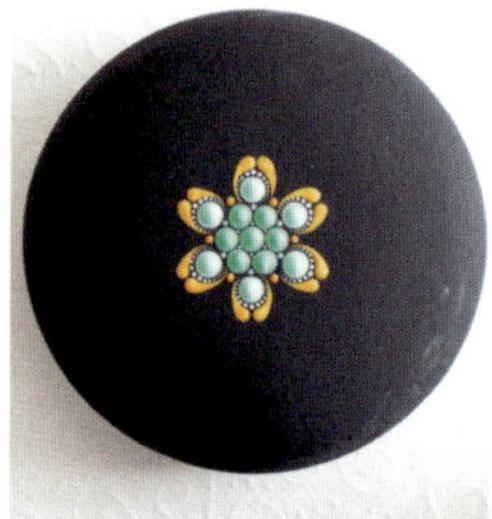

3 Anschließend weitere, dunkler werdende Swipes setzen bis der Kreis abgeschlossen und die Lücke gefüllt ist.

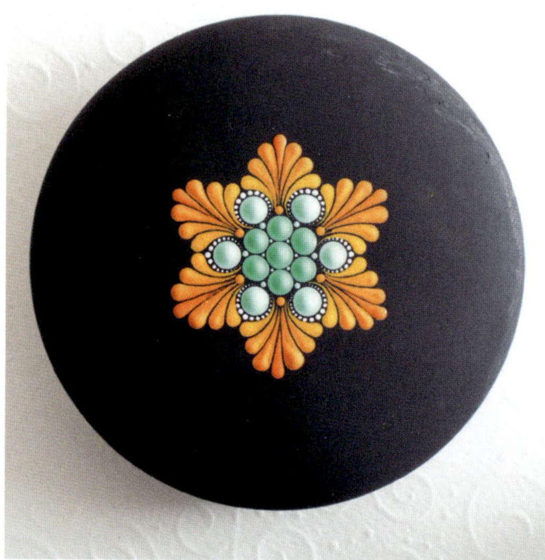

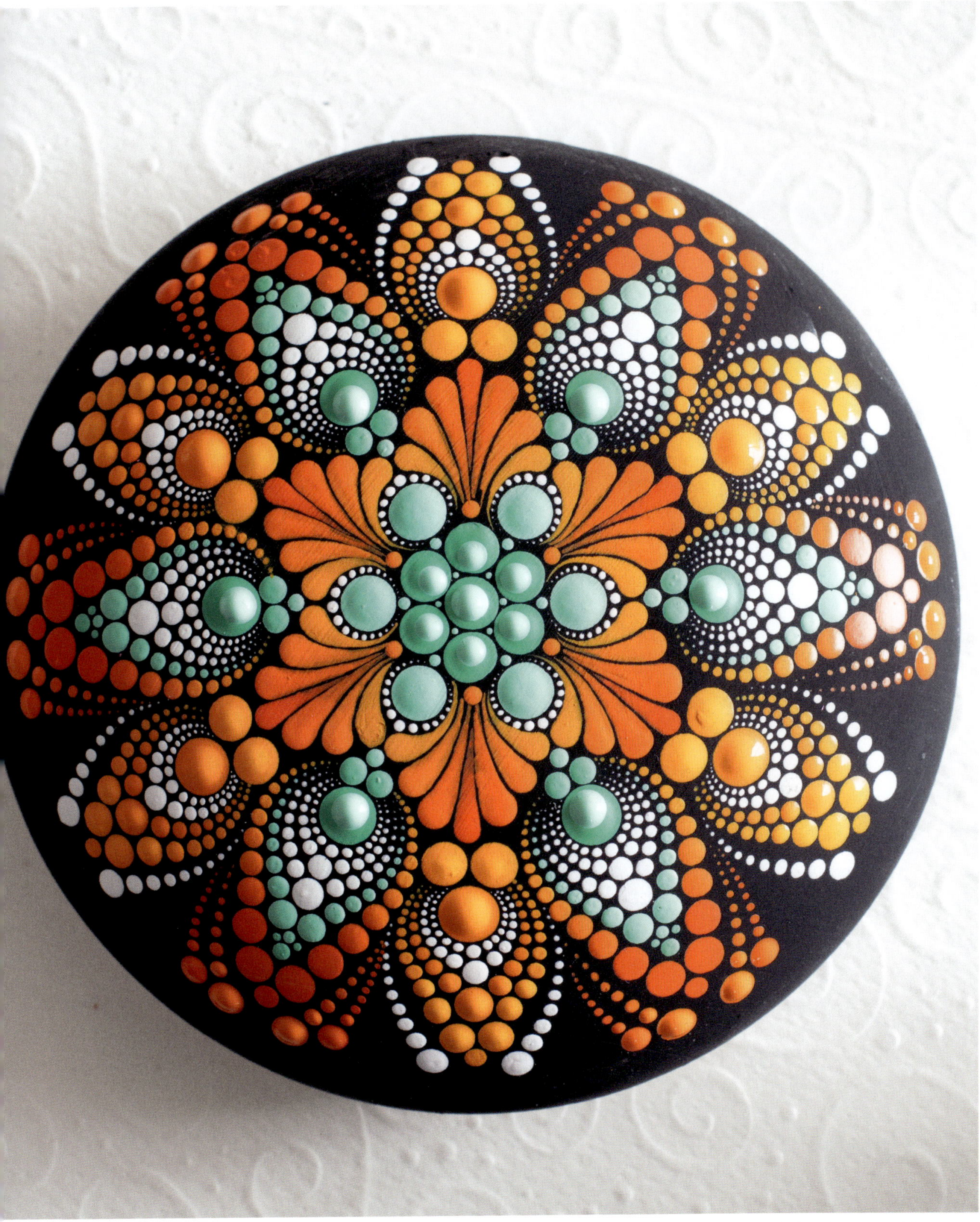

4 Das nächste Element besteht aus vier Punkten in der Anordnung 1-2-1. Dieses schmückst du anschließend mit drei Reihen weißer Walking Dots.

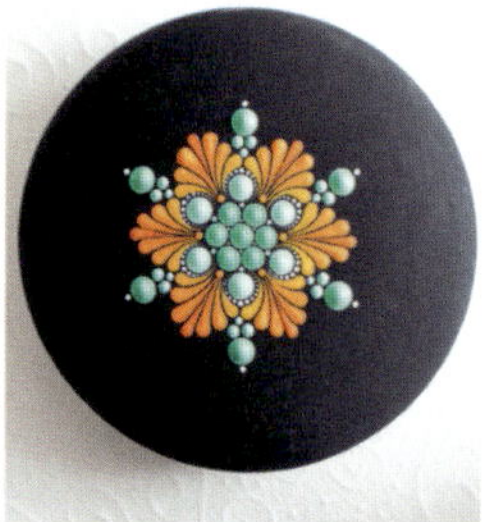

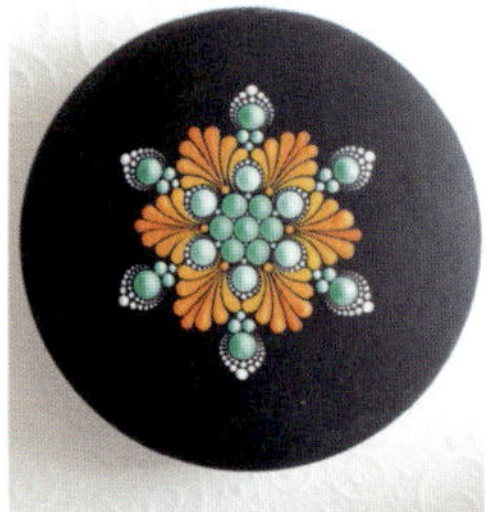

5 Nochmals drei Punkte in Türkis aufmalen und anschließend eine weitere Reihe Walking Dots in Türkis setzen, um die entstandene Lücke zu füllen. Setze anschließend drei orangene Punkte auf die Spitze deines Blütenblattes.

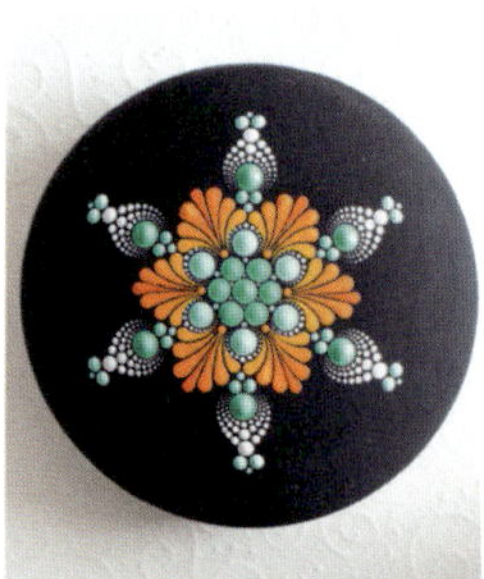

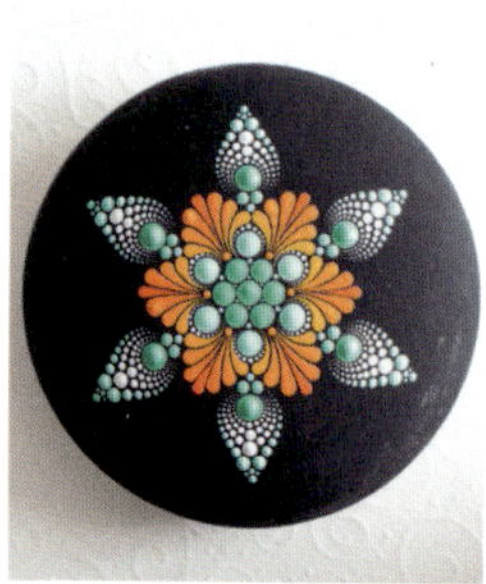

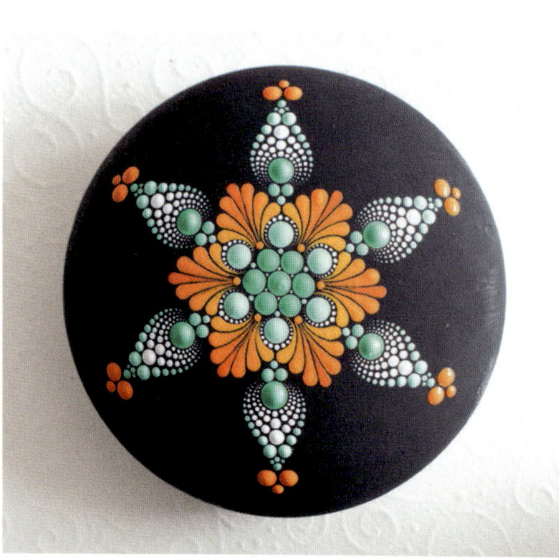

6 Nun platzierst du jeweils einen etwas kleineren Punkt mit der gleichen Farbe auf der Spitze des Blattes.

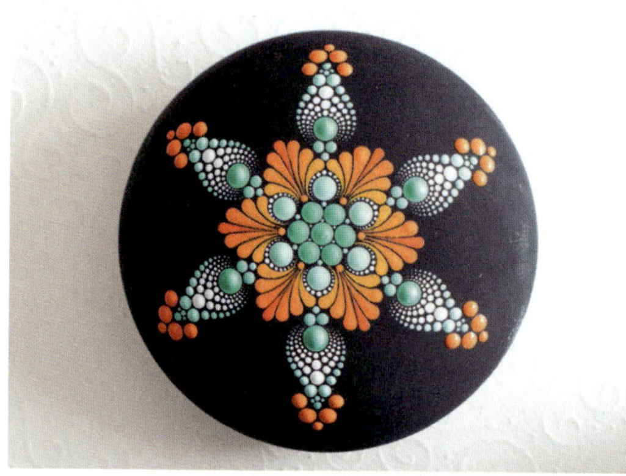

7 Setze weitere kleiner werdende Punkte in Orange bis wenige Millimeter verbleiben.

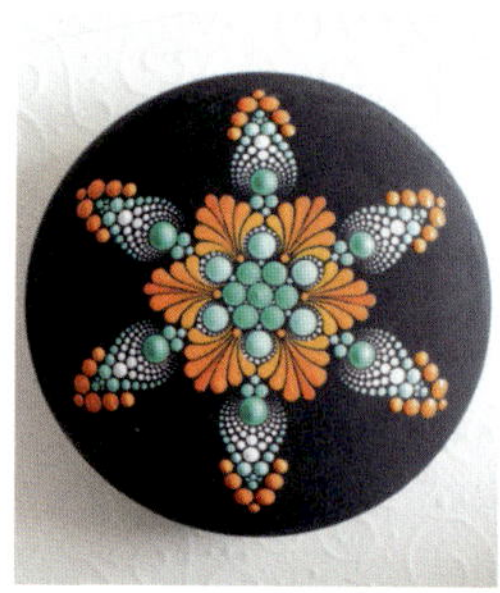

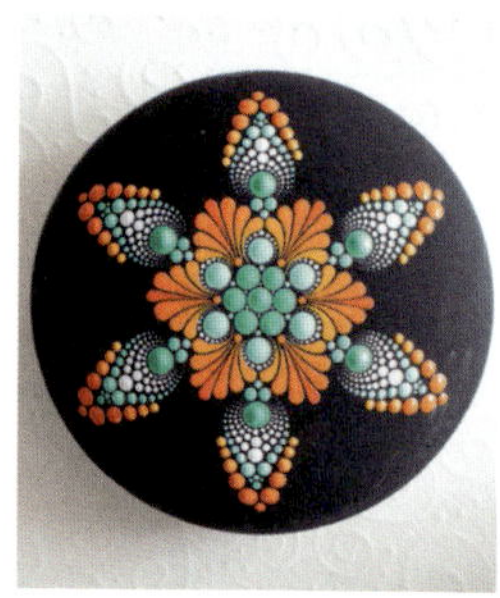

8 Die verbliebene Lücke füllst du nun mit Walking Dots in deinem hellsten Orangeton.

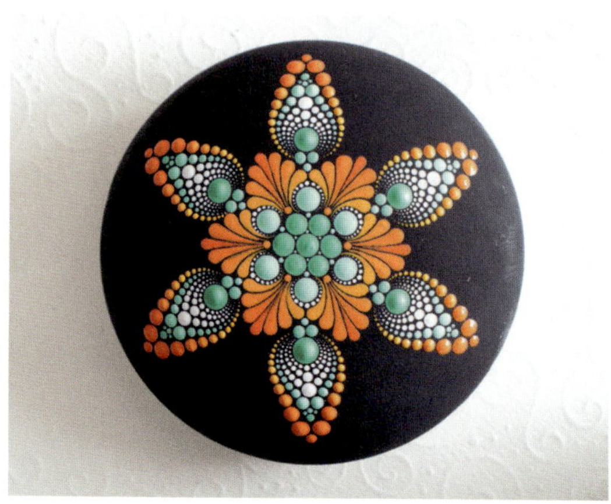

9 In die Lücke ein neues Element mit drei orangefarbenen Punkten in der Anordnung 2–1 setzen, wobei die ersten zwei Punkte kleiner sind als der dritte.

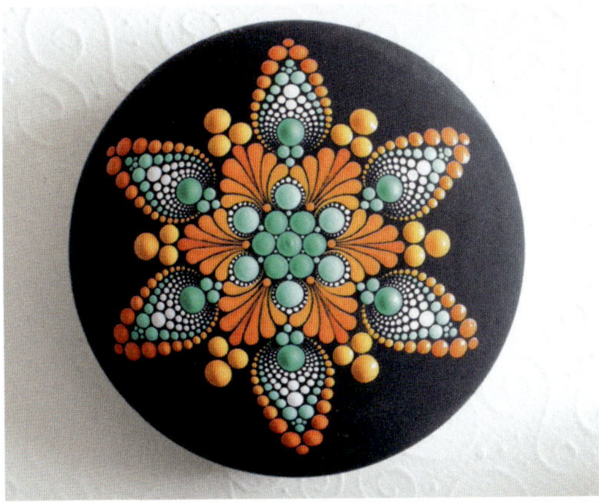

10 Setze nun um den großen Punkt herum mehrfach Walking Dots in Weiß und Orange.

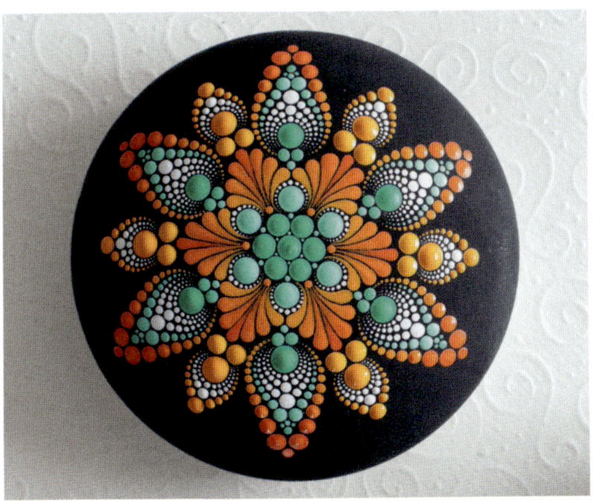

11 Wenn die Lücke abgeschlossen ist, kannst du weiße Punkte neben die letzten Walking Dots setzen und weitere Walking Dots nach innen laufend aufbringen.

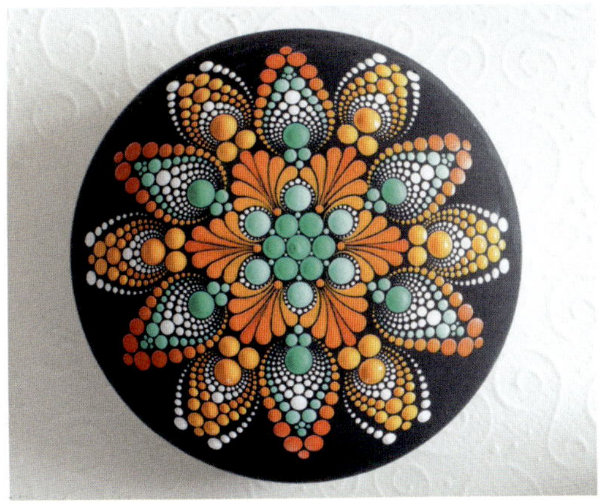

12 Wiederhole dies noch je zweimal in Orange. Am Schluss kannst du auf die größeren Punkte des Mandalas noch ein paar Top Dots setzen und fertig ist dein sommerlicher Stein.

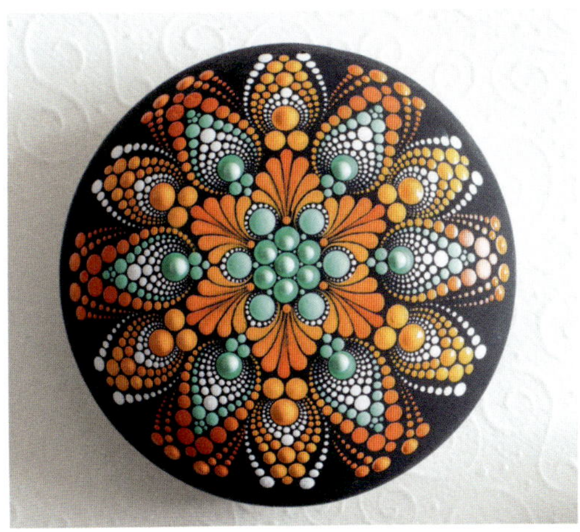

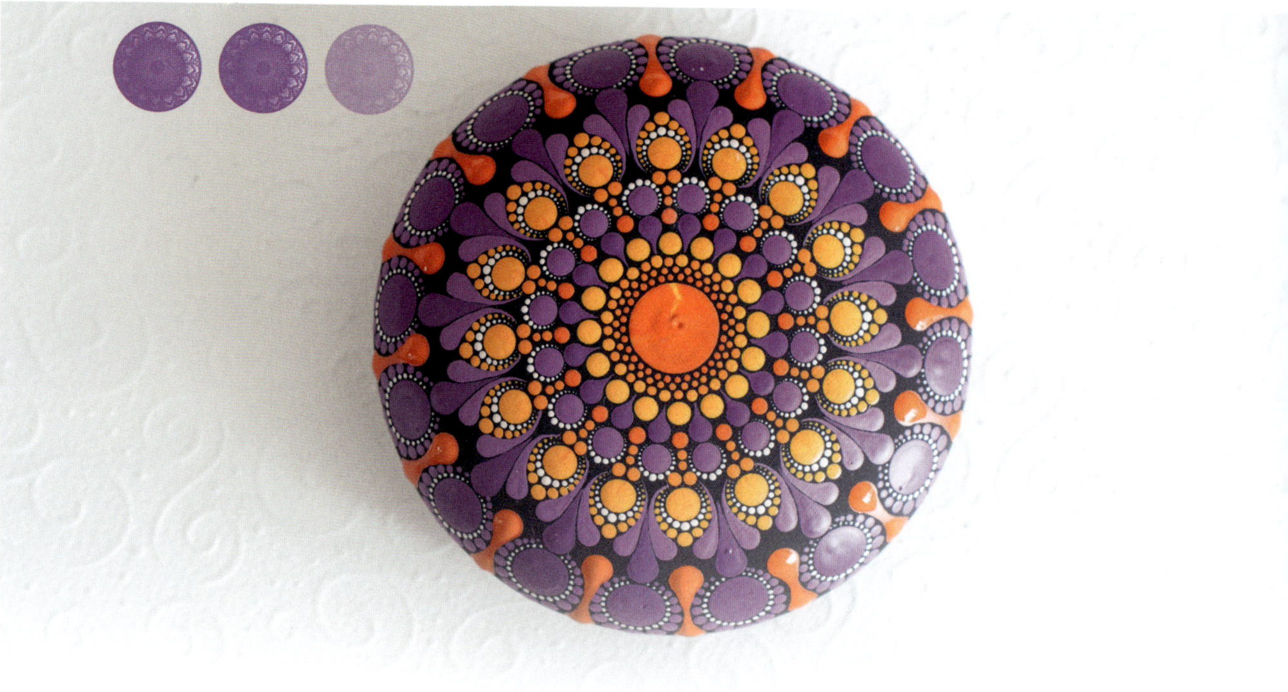

Komplementärfarben

DU BRAUCHST:

- ca. 10 cm Malfläche
- Grundierungsfarbe in Oxidschwarz
- Acrylfarbe in Kadiumorange und Permanent Violett deckend, zwei Farbverläufe
- Acrylfarbe in Titanweiß
- Malpalette
- Detailpinsel
- Dotting Tools

1 Grundiere deinen Stein schwarz, setze den Mittelpunkt in Orange und platziere drei Kreise mit jeweils 32 Punkten. Anschließend werden im vierten Kreis insgesamt 16 Punkte in jede zweite Lücke der vorherigen Reihe platziert.

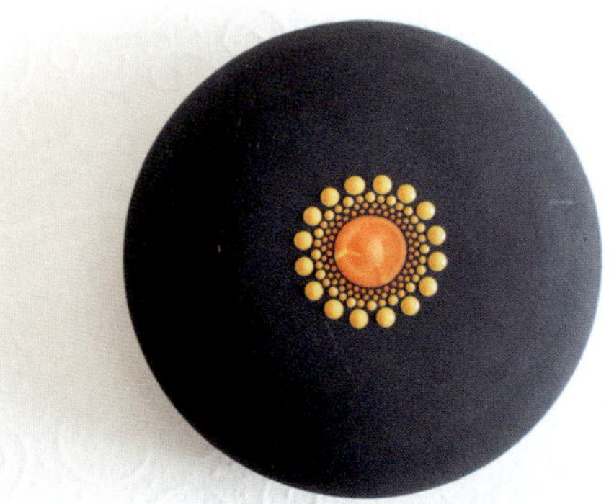

2 Platziere nun Swipes der Variante 2 (siehe Seite 23) in Violett zwischen die Punkte und oberhalb der Swipes wiederum violette Punkte mit weißen Walking Dots.

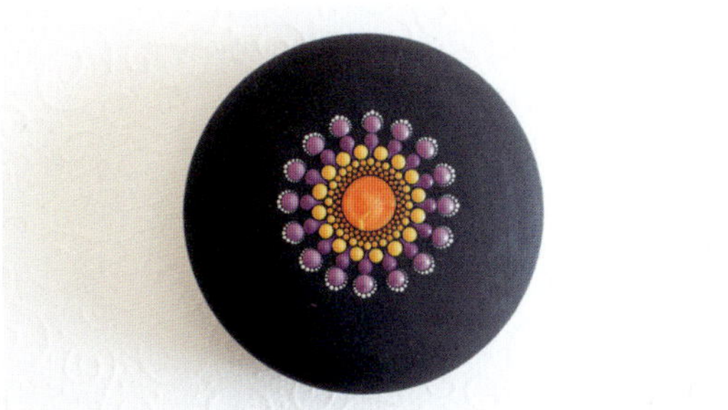

3 Starte mit einem neuen Element, das mit einem kleinen orangenen Punkt in der Lücke zwischen den violetten Swipes beginnt. Danach folgen zwei kleine orangene Punkte übereinander und zwei nebeneinander. Abschließend setzt du einen größeren Punkt mit je einer weißen und einer orangenen Reihe Walking Dots.

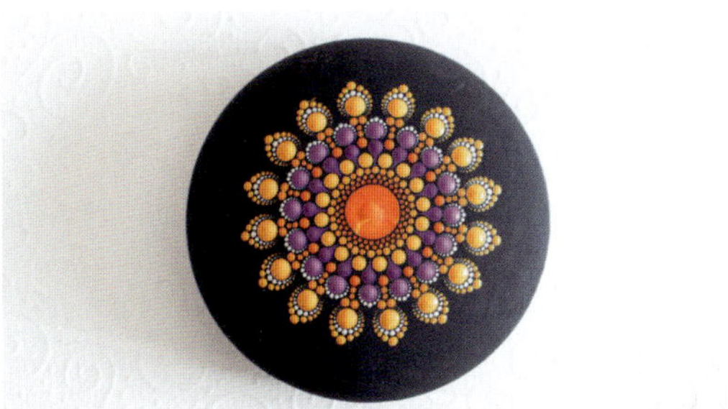

4 In die entstandenen Lücken legst du nun jeweils drei Swipes der Variante 2 in Violett und oberhalb des mittleren Swipes einen großen violetten Punkt.

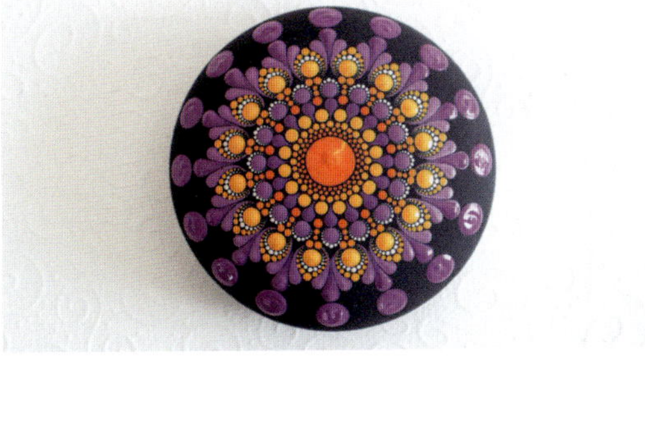

5 Um die violetten Punkte herum feine weiße Walking Dots mit dem Pinsel malen und danach größere violette Walking Dots setzen.

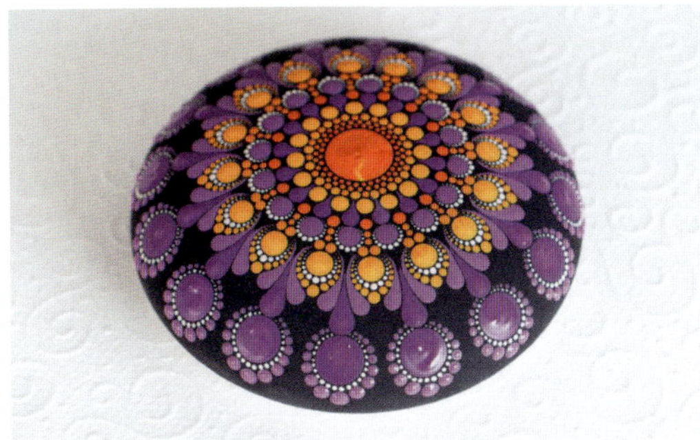

6 Zum Abschluss noch einen orangenen Punkt in die Lücke zwischen den violetten Swipes und einen in die Lücke zwischen die Walking Dots setzen, diese zwei Punkte mit einem kleinen Kugeltool verbinden. Nun kannst du noch nach Belieben Top Dots hinzufügen.

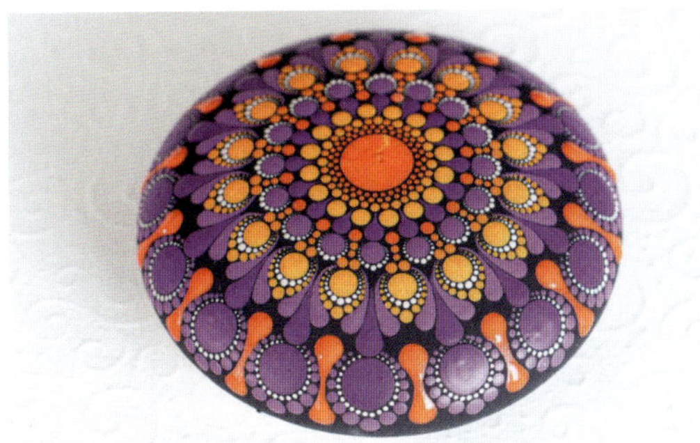

Tipp

Nimm für die Top Dots lieber einen helleren Farbton des gleichen Farbverlaufes und nicht die Kontrastfarbe, damit dein Mandala nicht zu unruhig wirkt.

Tipp

Hast du einen porösen Naturstein, mische die Farbe etwas flüssiger. So kann sie besser in die Löcher des Steins fließen und die Punkte werden schön und rund. Gesso eignet sich auch hier sehr gut zum Glätten der Oberfläche. Du kannst deine Natursteine grundieren oder so verwenden wie sie sind. Und das Schöne am Ganzen ist: Da der Stein ohnehin asymmetrisch ist, musst du dir nicht den Kopf über seine Mitte zerbrechen.

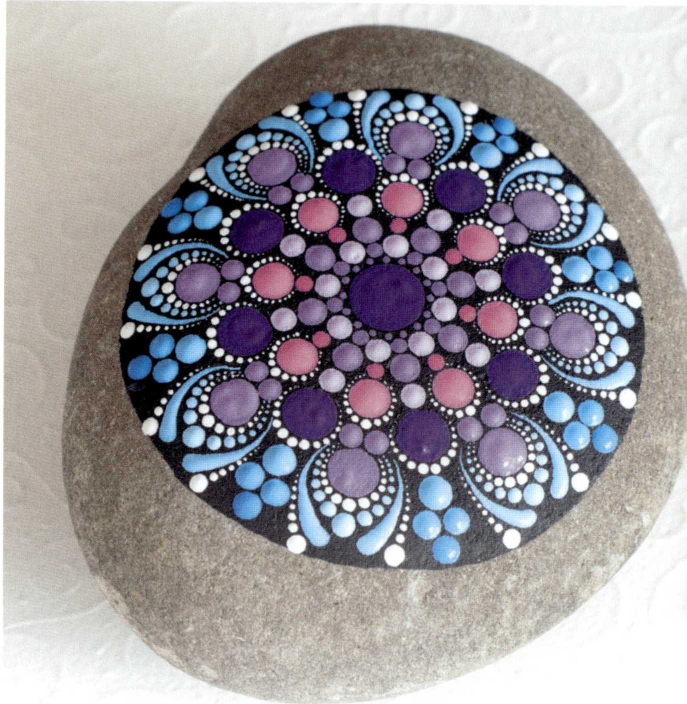

Bunter Flusskiesel

DU BRAUCHST:

- ca. 10 cm Malfläche, Naturstein
- Acrylfarbe in Chinacridon Rosa Hell, ein Farbton
- Acrylfarbe Ultramarin Violett, Brillantblau, jeweils drei Farbtöne
- Acrylfarbe in Titanweiß
- Grundierungsfarbe in Oxidschwarz
- Zirkel
- Malpalette
- Dotting Tools

1 Markiere mit dem Bleistift die Mitte deines Steins und zeichne mit dem Zirkel einen großen Kreis. Tupfe danach auf den markierten Mittelpunkt ein wenig Farbe und lasse diese trocknen.

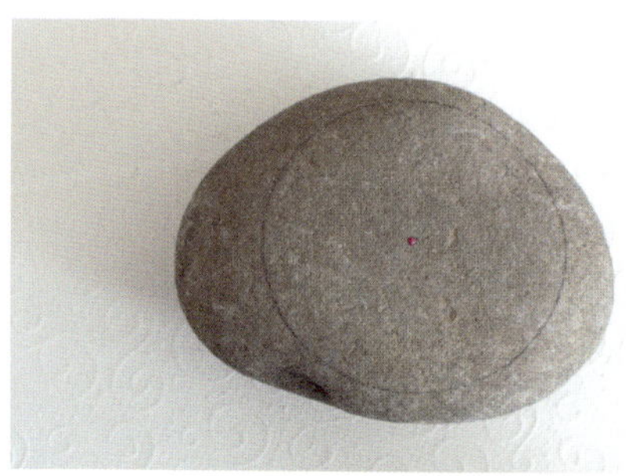

2 Male den Kreis mit schwarzer Farbe aus. Nach dem Trocknen solltest du den markierten Mittelpunkt noch erkennen können.

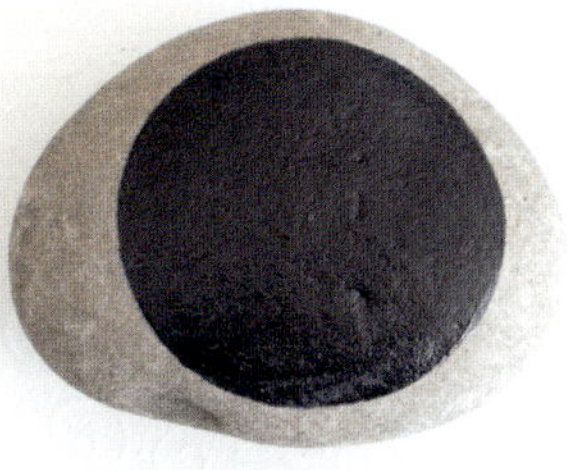

3 Setze auf den markierten Mittelpunkt einen großen Punkt in Violett. Darauf folgen 16 kleine Punkte im ersten Kreis und acht etwas größere Punkte in jeder zweiten Lücke des zweiten Kreises. Zwischen diese größeren Punkte platzierst du nun weitere acht Punkte, die etwas größer sind als die bisherigen acht im selben Kreis. Wähle für diese Punkte einen helleren Farbton.

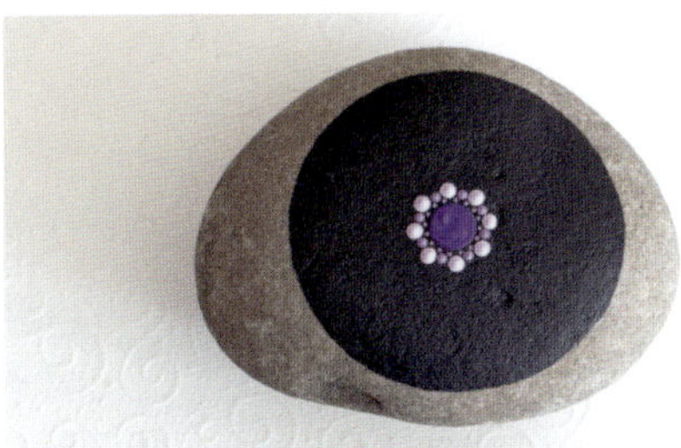

4 Oberhalb der kleinen Punkte des zweiten Kreises, im dritten Kreis größere Punkte setzen. Dazwischen kleine Punkte in Pink und auf diese Punkte wiederum große Punkte in Pink auftragen. Diese kannst du anschließend mit weißen Walking Dots umranden.

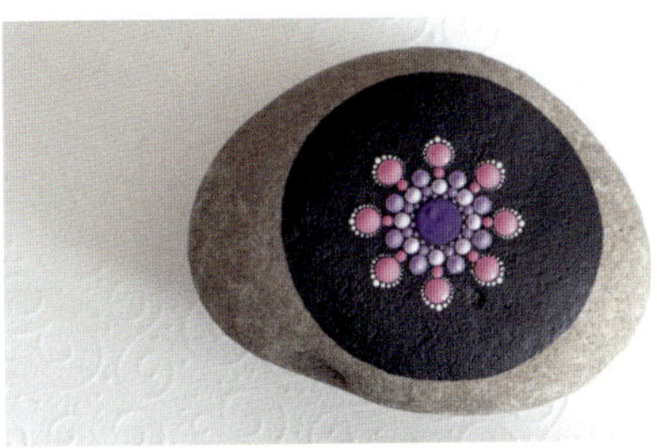

5 Oberhalb der violetten Punkte setzt du nun kleine violette Punkte und darüber wieder große dunkle violette Punkte mit weißen Walking Dots. Zwischen diese Walking Dots jeweils zwei kleine helle violette Punkte nebeneinandersetzen.

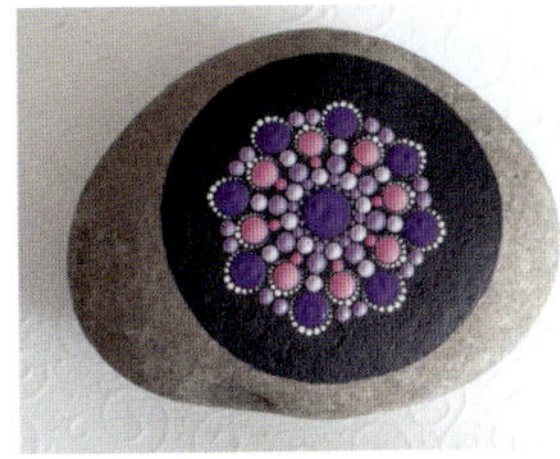

6 Oberhalb dieser zwei hellen Punkte einen großen violetten Punkt setzen und mit weißen Walking Dots schmücken. Über die weißen Walking Dots blaue Walking Dots setzen und blaue Swipes der Variante 1 (siehe Seite 23) neben diese malen. In die Mitte zwischen deine Swipes je einen blauen Punkt setzen.

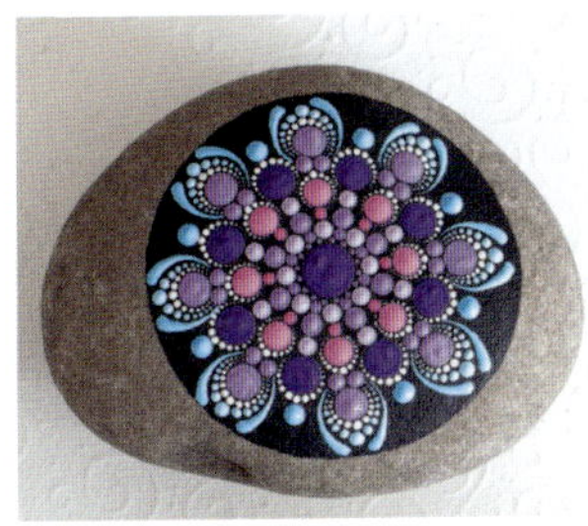

7 Oberhalb des blauen Punktes, nebeneinander zwei weitere blaue Punkte setzen und darauf einen weiteren. Werde dabei im Farbton nach außen immer dunkler. Abschließend setzt du neben die blauen Swipes noch feine weiße Walking Dots und fertig ist dein Mandala-Stein.

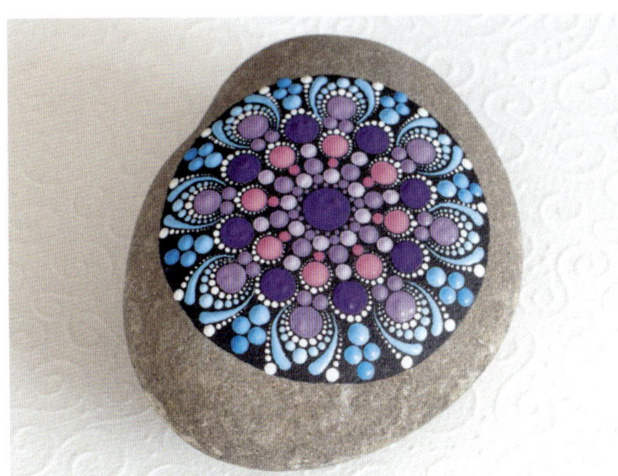

DIE AUTORIN

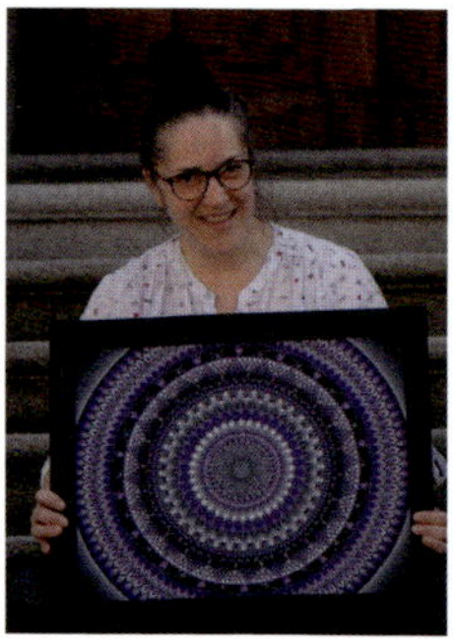

Maja Condamin, auch bekannt als „Mandalas by Maja", wurde 1987 geboren und wohnt in der Schweiz, wo sie sich 2020 in das Dot Painting verliebte und ganze Nächte lang damit verbrachte, die Kunst mit den Steinen und Punkten zu erlernen, bis sie ihr Hobby schließlich zum Beruf machte. Seitdem teilt sie täglich mit einer großen, internationalen Community ihre Werke, Ideen und Videos. In ihren Live-Workshops und Onlinekursen lehrt sie ihre Kursteilnehmer:innen die Techniken der Punktmalerei, hilft dabei ein außergewöhnliches neues Hobby zu entdecken und mithilfe von Farben und Punkten einen Ausgleich zum stressigen Alltag zu finden.

Instagram: @mandalasbymaja
Facebook: @mandalasbymaja
Website: www.mandalasbymaja.com

DANKE

Danke Mama, dass ich von dir lernen durfte, wie schön es ist kreativ zu sein.
Herzlichen Dank meinem Partner & Sponsor, der Talens AG, für die großartigen Farben, Pinsel, Malmittel und Firnisse.
Ein riesiges Dankeschön geht an meinen Mann. Danke, dass du mir hilfst meine Träume zu leben.
Lieben Dank meinen Schwiegereltern, für alles.
Danke Alexandra, dass es dich gibt.

IMPRESSUM

FOTOS: frechverlag GmbH, 70839 Gerlingen; Maja Condamin;
iStockphoto: _Aine_ (S. 2/3, 62/63, 1191494083)
PRODUKTMANAGEMENT UND LEKTORAT: Melissa Portz, Laura Maier
COVERGESTALTUNG: Tatjana Weiß
HERSTELLUNG: Katrin Röhlig
SATZ: Fotosatz H. Buck
DRUCK UND BINDUNG: Neografia, Slowakei

Penguin Random House Verlagsgruppe
FSC® N001967

2. Auflage 2022

ISBN: 978-3-7724-3116-6 • Best.-Nr: 3116

Online findest du praktische Übungs-Vorlagen mit denen du noch schneller zum Dotting-Profi wirst. Diese stehen dir in der digitalen Bibliothek unter www.topp-kreativ.de/digibib nach erfolgter Registrierung zum Ausdrucken bereit. Dein Freischaltcode lautet: 7466.

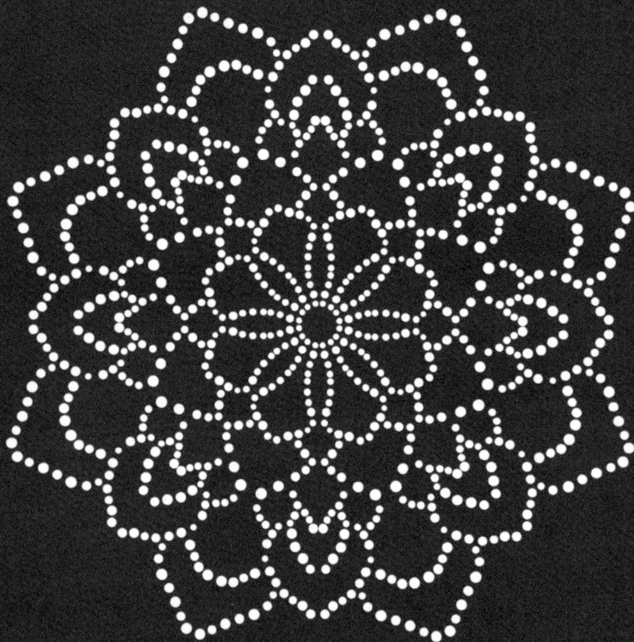

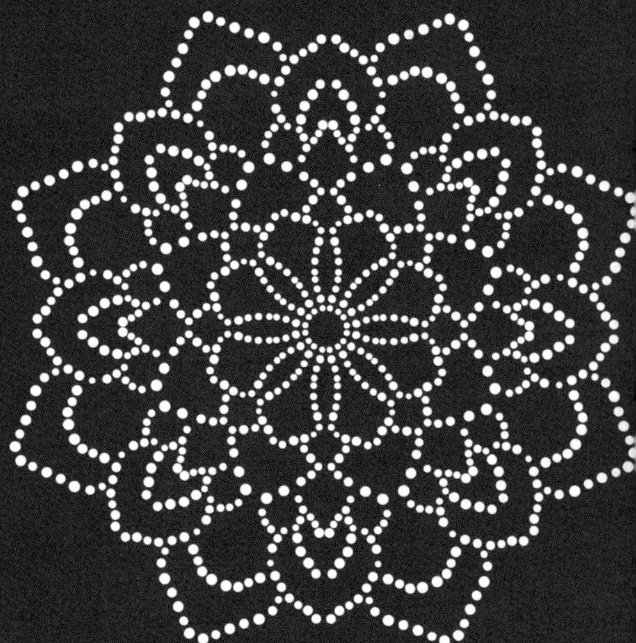

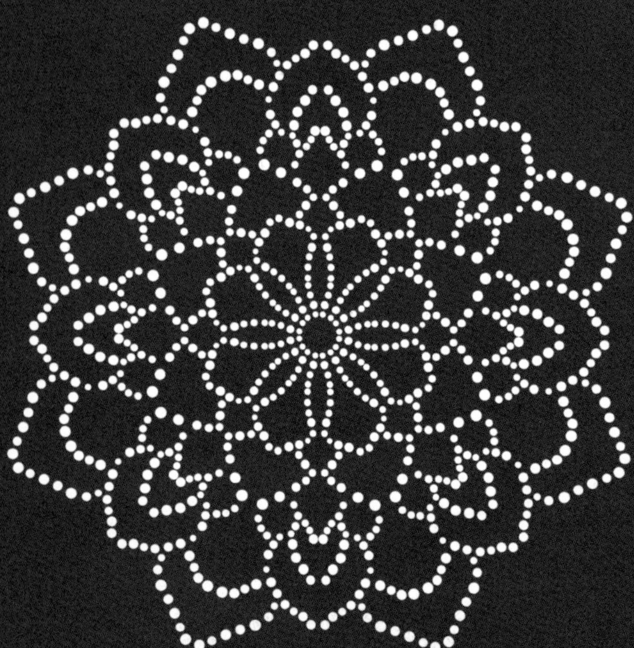